Reiner H. Hager

So schreibt man Briefe, die verkaufen.

Reiner H. Hager

So schreibt man Briefe, die verkaufen.

Der sichere Weg zu erfolgreichen Werbebriefen

2. Auflage

verlag
moderne industrie

Die Deutsche Bibliothek – CIP-Einheitsaufnahme

Hager, Reiner H.:
So schreibt man Briefe, die verkaufen: der sichere Weg zu erfolgreichen Werbebriefen/Reiner H. Hager. – Landsberg am Lech: Verlag Moderne Industrie, 2. Aufl., 1992
ISBN 3-478-21922-1

2. Auflage 1992

Schutzumschlag: Hubert Patscheider, 8900 Augsburg
Satz: abc Fotosatz GmbH, Buchloe
Druck: Kessler, 8938 Bobingen
Bindearbeiten: Thomas, 8900 Augsburg
Printed in Germany 210922/0692201
ISBN 3-478-21922-1

Inhaltsverzeichnis

Reiner H. Hager

7750 Konstanz 1
Beethovenstraße 6
Tel. 07531/63698, Fax 07531/52845

In zehn Sekunden wissen Sie,
warum Casanova so erfolgreich war...

... und können seine Methode kopieren.

Casanova startete nie zu einer Eroberung, ohne die betreffende Dame vorher sehr genau unter die Lupe zu nehmen. Er studierte ihre Wünsche, Vorlieben, Schwächen... und ging auf sie ein.

Wenn Sie Kunden gewinnen und behalten möchten, sollten Sie's genau so machen. Auf Wünsche, Vorlieben und Schwächen einzugehen, ist auch das Geheimnis der Verführung per Brief. Oder prosaischer: Denken Sie kundenbezogen. Das steht unsichtbar über jeder Seite dieses Buches.

Weil Menschen normalerweise Ich-bezogen denken, fällt kundenbezogenes Denken nicht immer leicht. Aber das können Sie sich antrainieren. Und nach einiger Übung können Sie gar nicht mehr anders.

Dieses Buch hilft Ihnen nicht nur, durch die Brille des Kunden zu sehen. Es zeigt Ihnen auch Wege zu fesselnden Schlagzeilen, interessanten Briefanfängen, aktivierenden Schlußsätzen. Es gibt Ihnen Gestaltungstips, Hinweise für Versand und Adressierung, Anregungen zum Adaptieren guter Ideen.

Sie werden sehen: Bessere Briefe schreiben ist gar nicht so schwer. Ich wünsche Ihnen dabei viel Erfolg!

Ihr

Reiner Hager

Bevor Sie der Frust packt,

lesen Sie doch bitte diese Tips für zielsicheres Arbeiten!

Der Kern dieses Buches sind neun Checklisten mit den Kennbuchstaben A bis I. Die Listen A bis F bezeichnen aufeinander folgende Arbeitsschritte. Die übrigen Checklisten stehen nicht in direktem Zusammenhang damit.

Verschaffen Sie sich erst einmal einen Überblick, und lesen Sie zumindest die Checklisten durch (besser den ganzen Text). Sie laufen sonst Gefahr, erst später erklärte Arbeitsschritte vorwegzunehmen und sich festzufahren. Beginnen Sie erst nach dem Durchlesen mit der Arbeit.

Versuchen Sie nicht gleich zu Anfang, Vorteile Ihres Angebotes oder Schlagzeilen fixfertig zu formulieren – Sie werden noch in späteren Schritten daran feilen.

Die Checklisten sind jedem Kapitel vorangestellt. Außerdem liegen sie hinten im Buch noch einmal lose bei. So können Sie in den zugehörigen Erläuterungen blättern, während Sie die Liste vor Augen haben. Übrigens: In den Erläuterungen sind Negativ-Beispiele durchgestrichen, damit Sie nicht aus Versehen mal eines verwenden.

Sie werden nicht alle Punkte erfüllen können, aber auch nichts Wichtiges vergessen. Im Lauf der praktischen Arbeit wird jeder Leser seine Schwerpunkte anders setzen – und das ist gut so. So werden Sie im Lauf der Zeit zu individuellen Checklisten kommen, indem Sie manches streichen und vielleicht anderes hinzufügen.

Nehmen Sie sich viel Zeit zum Lesen und für die ersten Versuche. Aber keine Angst: Sie brauchen nicht jedesmal Tage, um einen Brief zu entwerfen. Mit wachsender Routine werden Sie die Checklisten nur noch zum Kontrollieren nutzen (Liste E) und sich ab und zu mal Anregungen aus den Erklärungen holen.

Apropos Anregungen: Sichten Sie kritisch die Briefe, die bei Ihnen über den Tisch gehen. Legen Sie sich einen Ordner mit Beispielen an, die Ihnen gefallen. Heften Sie auch überzeugende Formulierungen dazu, die Sie selbst bei Ihrer Textarbeit gefunden haben. Diese Ideen-Sammlung wird eine wertvolle Ergänzung zu diesem Arbeitsbuch.

A

A. Konzipieren

Zuerst müssen wir überlegen, was der Leser von unserem Angebot erwartet, wie wir es ihm schmackhaft machen können – und die notwendigen Fakten sammeln.
Also bitte: Nur Stichwörter notieren, nichts fertig formulieren. Wenn Sie mit einer Frage Schwierigkeiten haben: Bitte in den Erläuterungen nachsehen.

A 1. Welche Motive bewegen den Leser, auf Ihr Angebot einzugehen und schließlich zu kaufen?

A 2. Welche Vorteile hat der Leser, der das Angebot annimmt (kauft, reagiert)?

A 3. Gibt es „Umfeld-Bedingungen", die für den Käufer einen Zusatznutzen bedeuten?

A 4. Oder kann man solche dem Angebot förderlichen Bedingungen schaffen?

A 5. Gewichten Sie die Vorteile. Welcher ist der wichtigste?

A 6. Welches Problem des Lesers wird durch das Produkt oder eine seiner Eigenschaften gelöst?

A 7. Ist Ihr Angebot ohne Konkurrenz?

A 8. Falls nicht: Welche Unterschiede gibt es zu Angeboten der Konkurrenz?

A 9. Verknüpft Ihr Leser bestimmte Wertvorstellungen mit Ihrem Angebot – hat es ein „Image"?

A 10. Welches sind die häufigsten Fragen und Einwände, die gegen das Angebot vorgebracht werden?

A 11. Wie kann die Reaktionsschwelle für den Leser möglichst niedrig gehalten werden?

A 12. Gibt es einen Grund, weshalb der Leser möglichst rasch reagieren sollte? (Wenn nicht: läßt sich einer schaffen?)

A 13. Welches „Extra-Bonbon" könnte man dem Leser für seine (rasche) Reaktion bieten?

Diese Checkliste liegt dem Buch noch einmal lose bei. So können Sie gleichzeitig die folgenden Erklärungen zu jedem Punkt studieren.

A 1. Welches Grundbedürfnis wird befriedigt?

Menschen haben immer wieder dieselben Wünsche. Sie sind die Triebfeder für sein Verhalten, auch für seine Käufe. Oft sind sie irrational, oft werden sie nicht offen eingestanden. Aber Sie sollten versuchen, sie zu ergründen, damit Ihr Brief wirksamer wird.

Eine Frau kauft kein Kleid, damit sie „was anzuziehen" hat. Sie kauft ein bestimmtes Modell, damit sie hübsch aussieht, damit sich Leute nach ihr umdrehen, damit sie vielleicht einen bestimmten Menschen bezaubert (oder auch einen anderen ärgert). Ein Mann kauft kein Auto, um von A nach B zu kommen. Er kauft ein bestimmtes Modell, um damit Lebensart oder Dynamik zu dokumentieren, technische Kompetenz oder Erfolg.

Wenn Sie sich über die Motive klar werden, sprechen Sie die Gefühle des Kunden richtig an. Sie haben es auch leichter, die rationalen Argumente für die Zielgruppe passend darzustellen.

Die wichtigsten Kaufmotive sind:

* Besitz und Wohlstand mehren
* Geld sparen
* Zeit gewinnen
* Mühe vermeiden, Arbeit erleichtern
* besonders Schönes, Ausgefallenes besitzen
* gesund werden und bleiben
* sich vor Unheil sichern
* die Zukunft positiv beeinflussen
* für die Nächsten sorgen
* vor anderen gut dastehen
* beliebt, angesehen sein
* Erfolg haben (in Liebe, Beruf, Gesellschaft)
* Freude erleben, gesteigertes Lebensgefühl
* mehr wissen als andere
* eine Sache wirklich gut machen

A 2. Argumente sammeln

Schreiben Sie alles auf, was für Ihr Angebot spricht – je mehr, desto besser.

Die Eigenschaften einer Sache sind noch keine Argumente. Es wird erst eines daraus, wenn Sie fragen: Was hat der Kunde davon? Welchen Nutzen zieht er aus dieser Eigenschaft? Gewöhnen Sie sich an, Ihr Angebot durch die Brille des Kunden zu sehen.

Sie schreiben also nicht auf: Das Kleid ist aus 100% Baumwolle. Das wäre die „nackte" Produkteigenschaft. Sondern: Es ist leicht, luftig, angenehm zu tragen, man schwitzt nicht. Das ist der Nutzen für den Kunden, das sind Argumente.

Sammeln Sie zunächst jedes noch so unscheinbare Argument. Vielleicht ist es für manche Leute wichtig. Besonders wenn Sie Ihre Zielgruppe nicht ganz scharf abgrenzen können: Dann brauchen Sie meistens mehr Argumente.

Forschen Sie auch nach versteckten Vorteilen für den Kunden. Ich mußte mal eine Art Campinglampe betexten, ein ziemlich schweres und klobiges Ding. Daraus leitete ich zwei Vorteile ab: Fast ewige Lebensdauer und fester Stand auch z.B. auf einem wackligen Boot. Vielleicht ein Argument für einen von hundert Lesern, aber...

A 3./ A 4. Umfeld und Zusatznutzen

Wir sammeln weitere Vorteile für den Kunden. Die können nicht nur im Produkt und seinem Nutzwert, sondern auch im Umfeld des Angebotes liegen. Beispielsweise:

* individuelle Beratung
* günstige Geschäftslage
* Parkplätze
* attraktive Verpackung
* zuverlässiger Kundendienst
* freundliche Bedienung
* große Erfahrung, Spezialisierung
* absolute Termintreue
* zuvorkommende Abwicklung
* günstige Zahlungsbedingungen
* Lieferung frei Haus
* Entsorgung von Leergut
* niedrige Folgekosten
* bequeme Bestellung
* Versicherung gegen Bruch und Verlust

...es gibt also vieles, was im Umfeld des Angebotes zum Kaufentschluß beiträgt. Und das Gute daran: Sie können solche Rahmenbedingungen oft leicht schaffen.

Übrigens liegen Unterschiede zu Konkurrenz-Angeboten häufig in diesem „Drumherum“.

A 5. Argumente gewichten

Jetzt geben Sie Ihren Argumenten Nummern von 1 (das wichtigste und meistens kaufentscheidende) bis x (das unwichtigste, das nur wenige interessieren dürfte). Wenn Sie es schwer haben, den 1. Platz zu vergeben, dann wählen Sie dafür jenes, das den größten Nutzen verspricht, oder das spektakulärste, ungewöhnlichste, überraschendste.

Den wichtigsten Vorteil brauchen Sie wahrscheinlich als Einstieg in den Brief – zumindest wird er ganz oben stehen. Die übrige Rangfolge ist zur späteren Auswahl nützlich, wenn Sie nicht alle erwähnen können.

Möglicherweise kommen Sie beim Erstellen der Rangliste darauf, daß für den einen dieser und für den anderen jener Vorteil entscheidend ist. Das heißt: Sie haben zwei Zielgruppen entdeckt. Und Sie sollten überlegen, ob Sie die nicht mit zwei verschiedenen Briefen anschreiben können. Ein Beispiel:

* In der Argumentenliste eines Dachisolier-Betriebes stand „Steigerung der Mieteinnahmen“ bei der Gruppe Mietshausbesitzer obenan, „Heizkostenersparnis“ bei der Gruppe Eigenheimbesitzer. Vorher war nur eine Werbung an Hausbesitzer vorgesehen; jetzt wurden für die beiden Gruppen zwei Briefe mit verschiedener Argumentation entworfen.

A 6. Welches Problem löst Ihr Angebot?

Vielleicht haben Sie schon Probleme Ihrer Zielgruppe berührt, als Sie bei A 2. Eigenschaften des Produktes als Vorteile für den Kunden definierten. Wenn nicht, sollten Sie sich jetzt darüber Gedanken machen:

Welches Problem löst mein Produkt? Beispielsweise:

Problem:	Lösung:
Jünger aussehen	Kosmetik
Schlechte Liquidität	EDV-Programme für Lagerwirtschaft
Außendienst-Kosten	Unterstützung durch Direktwerbung

(Angebote für den täglichen Bedarf oder Luxusartikel sind selten „Problemlöser".)

Das Aufzeigen des Problems öffnet in vielen Fällen den direkten Zugang zum Angebotsvorteil. Aber Achtung: Ziehen Sie ein Problem nicht an den Haaren herbei, blasen Sie keine Mücke zum Elefanten auf.

Es kommt dabei auch auf die Sichtweise des Angesprochenen an:

* „Saubere Böden – Ihr Problem?" – das ist vielleicht eins für die Putzfrau, den Geschäftsinhaber bringt das höchstens zum Lachen. Anders sieht die Sache aus, wenn Sie fragen: „Wieviel kostet Sie ein Computerausfall durch Abriebstaub vom Boden?"

A 7./A 8. Die Konkurrenz-Situation

Selten ist ein Angebot „konkurrenzlos" – aber manchmal hat ein Anbieter dieses Glück. „Konkurrenzlos" kann auch z.B. eine regionale Exklusivität bedeuten. Notieren Sie also, ob und inwiefern Ihr Angebot konkurrenzlos ist.

Oft unterscheidet sich ein Angebot nur in bestimmten Eigenschaften von der Konkurrenz. Halten Sie diese Unterschiede fest, soweit sie Ihr Angebot positiv abheben. Die Erfahrung zeigt, daß es Unterschiede auch bei Produkten gibt, die sich auf den ersten Blick ähneln wie ein Ei dem anderen. Um so wichtiger ist die Differenzierung. Es lohnt sich also, darüber nachzudenken.

Auch der Preis und das Produktumfeld (siehe A 3./A 4.) zählen zu den Differenzierungs-Merkmalen.

Und wenn Sie bei aller Mühe kein Merkmal zur Unterscheidung finden? Dann müssen Sie eben versuchen, Ihrem Angebot durch die Präsentation seiner Vorteile ein individuelles Profil zu geben.

* Als gegen Ende der 60er Jahre ein Boom preiswerter Taucheruhren einsetzte, war eine besonders erfolgreich. Der Gag: Sie wurde in einem wassergefüllten Behälter angeboten. Wasserdichte Uhren gab es Dutzende... aber nur eine konnte diesen Vorteil so wirkungsvoll in Szene setzen.

A 9. Das Image

Haben Sie in Ihrer Zielgruppe bereits einen gewissen Bekanntheitsgrad – zum Beispiel bei Kunden, die Sie öfter anschreiben? Dann machen sich die Empfänger Ihrer Werbung ein bestimmtes Bild von Ihrem Produkt und Ihrem Unternehmen.

Sie sollten versuchen dahinterzukommen, wie dieses Bild aussieht. Es muß nicht gleich eine großangelegte Befragung sein. Auch Äußerungen von Kunden und deren Kunden, des Außendienstes, aber auch von unbeteiligten Dritten können wertvolle Hinweise geben. Hüten Sie sich aber vor Wunschdenken!

Notieren Sie ein positives oder negatives Image – aber nur, wenn dieses deutlich ausgeprägt ist. Beispielsweise: „Hoher Preis" – oder „Großes Sortiment".

A 10. Die Einwände des Lesers

Das Verkaufsgespräch von Angesicht zu Angesicht ist nie ein Monolog. Immer hat der Kunde Fragen und Einwände..., ein guter Verkäufer liest sie ihm schon von den Augen ab.

Auch brieflich dürfen Sie den Kunden nicht mit einem Wortschwall eindecken. Bemühen Sie sich, seine Fragen und Einwände vorauszuahnen – nur dann können sie auch darauf eingehen. Von spezifischen Fachfragen abgesehen, wollen die Menschen immer das gleiche wissen:

* Was bringt's mir, wenn ich den Brief lese?
* Trifft das mein Problem?
* Wie kann ich es lösen?
* Welche Vorteile bietet mir das?
* Bietet dieses Angebot mehr als andere?
* Wer beweist mir das?
* Kann ich dem vertrauen?
* Wie kann ich mich selbst überzeugen?
* Was kostet das?
* Ist die Sache ihr Geld wert?
* Gehe ich irgendein Risiko ein?
* Muß ich mich lange binden?
* Welche Konsequenzen zieht der Kauf nach sich?
* Was soll ich tun, um das Angebot zu nutzen?

Natürlich tauchen diese Grundfragen nicht immer in gleicher Form und Zusammenstellung auf. Auch ihre Wichtigkeit ist unterschiedlich. Und jedes Angebot wirft spezielle Fragen auf.

Bemühen Sie sich, diese Fragen vollständig aufzuspüren! Sie müssen überzeugend beantwortet werden. Allerdings nicht unbedingt alle im Brief. Normalerweise behandeln die verschiedenen Werbemittel:

Wichtigste Produkt- und Anwendungsfragen	= Brief
Produkt- und Anwendungsfragen generell	= Prospekt
Argumentation	= Brief
Wichtige Bestellfragen (Preis, Verpflichtung)	= Brief
Alle Bestellfragen	= Karte
Handlungsanreiz	= Brief, Karte

A 11. Welche Reaktion anstreben?

Erst durch die Reaktion entsteht eine Bindung zwischen Absender und Empfänger des Briefes. Selbst dort, wo es nicht direkt ums Verkaufen geht und eine Reaktion also nicht zwingend notwendig wäre (etwa in reinen Kundeninformations-Briefen), wird sie deshalb angestrebt, um die Kundenbindung zu festigen.

Im Endeffekt soll natürlich immer verkauft werden. Dieses Werbeziel ist aber nicht immer in einem Schritt zu erreichen. Es ist um so schwieriger, je komplizierter ein Produkt ist und je mehr es kostet. Auch eine nicht exakt definierbare Zielgruppe und geringer Bekanntheitsgrad wirken erschwerend. Dann muß der „große Schritt" in kleinere „Zwischenschritte" unterteilt werden. Denn kleine Schritte fallen leichter – und wer einen kleinen Schritt getan hat, macht auch leichter den nächsten kleinen Schritt.

Beispielsweise kann man geringwertigen Bürobedarf ohne weiteres direkt verkaufen – in einem Schritt. Auch bei einfacheren Kopierern mag das gerade noch gehen, kompliziertere und teurere Geräte müssen jedoch über den Zwischenschritt „Prospekt" oder „Vertreter" verkauft werden. Erst recht bei einer ausgewachsenen EDV kann ein Brief nur Türöffner spielen oder den Außendienst unterstützen, aber niemals allein verkaufen.

Zwischenschritte, die den Leser allmählich zum Interessenten und schließlich zum Kunden „hinaufqualifizieren", sind z.B.

* Prospektanforderung
* Anforderung von Dokumentationen, technischen Unterlagen
* Anforderung von Erfahrungs- und Testberichten
* Anforderung von Gratismustern
* Angebot unverbindlicher Beratung
* Problemanalyse und Lösungsvorschläge
* Einladung zum Seminar / Fachgespräch

A

* Einholen von Angebot / Kostenvoranschlag
* Einladung ins Fachgeschäft
* Besichtigung von Musterausstellung / Praxisbetrieb
* Anforderung berechneter Muster (evtl. Sonderpreis)
* Probefahrt
* Bestellung zur Ansicht
* Bestellung mit Rückgaberecht

Als Faustregel gilt: Setzen Sie die Reaktionsschwelle so niedrig an, wie es ökonomisch machbar ist. Denn wenn auch bei kleinen Schritten insgesamt die Erfolgsquote steigt – jeder weitere Schritt kostet auch mehr Geld. Dieses Rechenexempel muß jeder Anbieter für sich durchführen. Pauschal kann man nur sagen: Je schwieriger der Kaufentschluß, je höher der Preis (und die Spanne), desto lohnender kann ein mehrstufiges Angebot sein.

„Niedrige Reaktionsschwelle" heißt aber auch, das Reagieren möglichst einfach zu machen – beispielsweise mit einer vorgedruckten Bestellkarte. Darauf kommen wir noch zurück.

A 12. Sofort reagieren

Es dürfte Ihnen nicht unbekannt sein: Der Mensch schiebt Entscheidungen gern vor sich her. Im Falle Werbebrief bedeutet das meistens, daß er früher oder später doch im Papierkorb landet – selbst wenn durchaus Interesse am Angebot vorhanden war.

Finden Sie deshalb einen Grund, weshalb der Leser sofort reagieren sollte. Vielleicht gibt es einen „natürlichen Reaktions-Beschleuniger", etwa

* Messetermin
* Saisonzeiten, Feste
* neue Gesetze und Vorschriften
* bevorstehende Preiserhöhung
* begrenzte Menge

Die beiden letzten Gründe können Sie durchaus beeinflussen. Andere können Sie jederzeit schaffen:

* nur gültig bis…
* ein besonderes Angebot (Preis, Paket-Angebot)
* ein Geschenk für die ersten 50 Reagierer
* Teilnahme an einer Verlosung
* eine bestimmte Sonderleistung
* …oder sagen Sie einfach, daß man die Vorzüge dieses Angebotes besser heute als morgen nutzen sollte.

Ihr Ziel muß sein, den Leser zu aktivieren, damit er sofort die verlangte Reaktion einleitet. Direktwerbung ist eine Domäne der spontanen Entschlüsse – deshalb muß man sie so leicht wie möglich machen.

A 13. Das Extra-Bonbon

„Mit ’nem klein bißchen Zucker schluckst du jede Medizin“ will sagen: Für eine kleine Belohnung überwindet man so manche Hemmung. Auch die Hemmung, eine Antwortkarte abzuschicken.

Können Sie dem Leser für seine Reaktion eine kleine Belohnung anbieten? Vielleicht ein Gratis-Leseexemplar oder sonst eine Kostprobe? Oder einen Ratgeber? Einzelhändler können oft vom Hersteller geeignete Broschüren bekommen, oder bieten Sie eine Kopie oder einen Sonderdruck aus einer Fachzeitschrift an. Für kleine Geschenke – vom Kugelschreiber mit Goldschrift über Schlüsselfinder oder Luftdruckprüfer bis zum Taschenschirm – hält der Werbeartikel-Großhandel Hunderte Ideen bereit. Bestimmt finden Sie etwas, das zu Ihrem Angebot paßt oder Ihre Werbebotschaft treffend illustriert.

Als Belohnung für schnelle Reaktion ist dieses „Bonbon“ oft noch wirksamer als der unter A 12. genannte Grund – dieser setzt schließlich den Leser irgendwie unter Druck, während die Belohnung einen positiven Anreiz bietet.

Wenn Sie eine kostenträchtige Belohnung versprechen, sollte sie in einem akzeptablen Verhältnis zum Angebot stehen, und die Zielgruppe muß sorgfältig bestimmt sein. Es empfiehlt sich beispielsweise nur in den seltensten Fällen, bereits für das Anfordern einer Information eine Prämie zu geben.

Mit anderen Worten: Allzu süß darf das Bonbon auch nicht schmecken… sonst melden sich zu viele Nassauer, die nur das Dessert und nicht den Hauptgang möchten.

B. Rohtext erstellen

B

In diesem Arbeitsschritt werden wichtige Fakten in Textbausteine verwandelt. In B 1. bis B 4. werden alternative Möglichkeiten erörtert – lesen Sie erst in einem Zug durch, und betrachten Sie die Punkte im Zusammenhang.
Um die Gliederung und den inneren Zusammenhalt des Rohtextes kümmern wir uns erst am Schluß. Die Feinarbeit des Formulierens folgt in den Kapiteln C und D.

B 1. Formulieren Sie eine Frage nach dem wichtigsten Vorteil (A 5.).

B 2. Statt des Produktvorteils kann auch das entscheidende Motiv (A 1.) angesprochen werden.

B 3. Oder nennen Sie ein dringendes Problem des Lesers, das durch Ihr Angebot gelöst wird (A 6.).

B 4. Oder versuchen Sie eine für das Angebot günstige Atmosphäre in eine (Kurz-) Geschichte zu fassen.

B 5. Wählen Sie aus den durch B 1. bis B 4. entstandenen Textideen diejenige, die den Leser am besten zu fesseln vermag.

B 6. Wenn mit einer Frage begonnen wurde, lösen Sie sie spätestens im 2. Absatz auf.

B 7. Falls ein Angebotsvorteil am Anfang steht, sprechen Sie auch bald das zugehörige Kaufmotiv an – und umgekehrt.

B 8. Wenn der wichtigste Vorteil von überragender Bedeutung ist, sollten Sie ihn im folgenden Text von verschiedenen Seiten beleuchten.

B 9. Erklären Sie die weiteren Vorteile des Angebotes ganz genau – aber in der Regel nicht mehr als fünf.

B 10. Versuchen Sie, einen Unterschied zu konkurrierenden Angeboten als Vorteil darzustellen (A 8.).

B 11. Gehen Sie auf mögliche Fragen des Lesers ein, entkräften Sie Einwände (A 10.).

B 12. Versuchen Sie, positive Imagepunkte zu stärken und negative abzuschwächen (A 9.).

B 13. Jetzt ordnen Sie alles zu einer logischen, zusammenhängenden Kette.

Diese Checkliste liegt dem Buch noch einmal lose bei. So können Sie gleichzeitig die folgenden Erklärungen zu jedem Punkt studieren.

B 1. Formulieren Sie eine Frage nach dem wichtigsten Vorteil

B

Welchen Vorteil haben Sie im Arbeitsschritt A 5. als den wichtigsten für den Leser erkannt? Dieses Vorteils-Versprechen gibt wahrscheinlich einen wirksamen Briefanfang ab. Wie jede andere Kreatur interessiert sich der Mensch vor allem für das, was ihm einen Vorteil bringt.

Achten Sie darauf, daß Sie wirklich einen Vorteil für den Leser darstellen. Dazu zählt weder leeres Gerede noch Lobhudelei:

* Neu: Das überragende XY-System...
* ...der beste Apparat, den es je auf dem Markt gab...
* Eine revolutionäre Innovation auf dem Gebiet der...

noch (in der Regel) pure Produkteigenschaften:

* Diese Kamera ist nur 260 Gramm schwer...
* ...ist mit einem PLL-Synthesizer ausgerüstet...
* XY in moderner, ansprechender Aufmachung
* Der Kredit wird ohne Formalitäten gewährt

...sondern es zählt, was der Leser davon hat – anstatt der letzten Beispiele also:

* 260 Gramm – für jeden Schnappschuß bereit...
* ...bringt auch den schwächsten Sender klar herein...
* XY lockt Kunden in Ihren Laden
* Sie kommen schneller zu Ihrem Traumauto

Nun haben Sie also den entscheidenden Vorteil genannt. Vielleicht reißt er Sie trotzdem nicht vom Hocker. Sie müssen ihn dramatisieren. Ein gutes Rezept dafür: Kleiden Sie ihn in eine kurze Frage. Eine Frage involviert den Leser stärker als die schlichte Feststellung. Um nochmals bei obigen Beispielen zu bleiben:

* Was ist das Geheimnis gelungener Schnappschüsse?
* Hören Sie im Urlaub gern Ihren Heimatsender?
* Wie bekommen Sie mehr Kunden in Ihr Geschäft?
* Wie kommen Sie schneller zu Ihrem Traumauto?

Sie merken schon: Die Fragewörter mit W führen fast wie von selbst zu interessanten, prägnanten Sätzen. Versuchen Sie also mit Wo, Wie, Warum, Wann, Wieso, Wer, Was zu beginnen. Noch einige Beispiele:

* Wann haben Sie zuletzt ein Kompliment für... bekommen?
* Wie viel würden Sie sparen, wenn...
* Wie verdoppeln Sie Ihr Geld in 5 Jahren?
* Warum sind manche Menschen vom Glück begünstigt?
* Wo können Sie Udo Jürgens im Urlaub treffen?
* Was macht Frau B. so sympathisch?

aber auch z.B.:

* Sieht Ihre Hose nach 5 Std. Autofahrt noch wie frisch gebügelt aus?
* Wollen Sie 20% mehr Mieteinnahmen erzielen?
* Gibt es das ideale Reisegepäck?
* Sind Sie der Herr – oder der Sklave Ihres Computers?

B 2. Das entscheidende Motiv als Einleitung

B

Ebenso wie der wichtigste Produktvorteil kann das dadurch angesprochene Motiv einen guten Einstieg in den Brief abgeben. Beispielsweise entspricht

der Produktvorteil:	dem Motiv:
* Maschine arbeitet schneller	= Zeit sparen, mehr verdienen
* Wissen vermitteln	= Erfolg haben, angesehen sein
* gutes Design	= Eindruck machen, Freude haben

Sie können solche Motive direkt ansprechen:

* Was werden Ihre Nachbarn sagen, wenn Sie mit einem ... vorfahren?
* Was Sie heute essen, bestimmt Ihre Gesundheit von morgen
* Wann hatten Sie das letzte Mal Zeit, Ihren Kindern ein Märchen zu erzählen?
* Wie erreichen Sie mehr berufliche Sicherheit und Anerkennung?
* Wer sichert Ihr Auskommen, falls Sie Ihr Einkommen verlieren?

...oder nur anklingen lassen:

* Werden Sie öfter um Ihre Meinung gefragt?
* XY im Büro läßt Ihre Mitarbeiter wieder lächeln.
* Wenn Kinder mehr von ihrer Mutti haben...
* Niemals werden Ihre Freunde glauben, daß Sie für diesen Wein weniger als 10 Mark bezahlt haben.

Sie können in der Schlagzeile auch mehrere Motive gleichzeitig ansprechen (siehe letztes Beispiel: Kompetenz und Ansehen unter Freunden, günstiger Einkauf) oder einen Produktvorteil und das entsprechende Motiv verknüpfen. Auch motivbezogene Einleitungssätze wirken in Frageform oft interessanter.

B 3. Ein Problem des Lesers lösen

Besonders wenn die Empfänger Ihrer Werbebriefe Geschäftsleute sind, führt diese Methode häufig zu interessanten Briefen: Sie greifen ein Problem der Zielgruppe auf. Der Leser wird seine Situation sofort wiedererkennen und sich verstanden fühlen. Sie haben sein Interesse gewonnen und sich gleichzeitig als Problemlöser profiliert.

Beispielsweise so:

* Warum scheitern 50% aller Werbebriefe im ersten Augenblick?
* Steckt Ihr Geld im Lager statt in der Kasse?
* Wie können Sie die Außendienst-Kosten um 30% senken?
* XY hält die Informationsflut in Schranken
* 6% geringere Stückkosten durch optimale Planung
* So können wir Ihnen aus der Terminklemme helfen.

Je genauer Sie das Problem Ihrer Zielgruppe ansprechen oder die Lösung auf die Zielgruppe beziehen, desto wirksamer wird der Text. Etwa so:

* Gegen Managerstreß:
  XY hält die Informationsflut in Schranken
* So helfen wir dem Drucker aus der Terminklemme

B 4. Atmosphäre verbreiten mit einer Geschichte

B

Vor allem für Angebote des privaten Bedarfs empfiehlt sich manchmal die Methode, den Brief mit einer Kurzgeschichte zu beginnen. Es gibt sogar Werbebriefe, die ganz als Geschichte abgefaßt sind – das ist aber nur in Ausnahmefällen anzuraten.

Eine Geschichte weckt Erinnerungen an selbst erlebte Situationen. Sie schafft Sympathie für den Schreiber oder eine für das Angebot günstige Atmosphäre. Auch ein Überraschungseffekt ist möglich; so kann das Angebot über das Alltägliche hinausgehoben und dramatisiert werden.

Beispiele:

* Alle Leute, die es gut mit mir meinen, haben mir von diesem Brief abgeraten...
* Die Malerei und die Kunst des Meißelns haben mich zugrundegerichtet...
* Ich war gerade 16, als mir meine Großmutter das Geheimnis einer glücklichen Ehe verriet...
* Mein Vater sagte immer: Joe, gib den Leuten ein bißchen mehr, als sie bezahlt haben...
* Er blutete aus fünfzig Schnitten an jedem Arm – vom Handgelenk bis zur Schulter. Als das Blut geronnen war, begann er zu tanzen. Er tanzte den ganzen Tag mit dem Gesicht zur Sonne und die ganze Nacht – bis zum nächsten Mittag, ohne daß er aß oder trank. Erst dann schwanden ihm die Sinne. Aus tiefer Ohnmacht auftauchend, hatte er eine Vision...

Das ist nur die Hälfte der Einleitung eines Briefes, mit dem eine Buchreihe verkauft wurde. Sind Sie gespannt, wie's weitergeht? Genau das ist der Sinn eines Storyletters.

Solche Geschichten können dem eigenen Erfahrungsschatz entstammen – oder gut ausgedacht sein. Sie sind ans Produkt gekoppelt oder an die

Person des Briefschreibers. Eines dürfen sie niemals sein: Langatmig. Sie sollten (normalerweise) rasch auf des Pudels Kern kommen und zum Thema überleiten. Und sie müssen glaubwürdig sein, was sowohl von der Geschichte selbst als auch vom Erzähler und von der Zielgruppe abhängt. (Ausnahme: Deutlich als Phantasie erkennbare Stories.)

Der Chef einer kleinen Firma, der ein persönliches Verhältnis zu seinen Kunden pflegt, kann einen privateren Ton anschlagen als der Marketingleiter eines großen Unternehmens, der an andere Geschäftsleute schreibt. Ein Storyletter ist aber auch in diesem Fall möglich: Das vorletzte der obigen Beispiele ist ein Briefanfang aus der Lebensmittelbranche. (Beachten Sie dazu die Briefbeispiele I 30, I 31 und I 49.)

B 5. Wählen Sie den besten Anfang aus

B

Aus den Schritten B 1. bis B 4. haben Sie wahrscheinlich mehrere Ideen für einen guten Briefanfang gewonnen. Wählen Sie den aus, der den Leser am besten packt. Sprechen Sie den Leser direkt mit SIE an, und gehen Sie ohne Umschweife auf Ihr Ziel los.

Befriedigt Sie keiner der bisher erarbeiteten Anfänge? Dann noch ein paar Tips für

andere Methoden:

* Fassen Sie den Inhalt des Briefes in Kurzform zusammen:
  Drei gute Gründe, Ihren Fuhrpark jetzt zu erneuern: (folgt Aufzählung)
  In drei Minuten wissen Sie, wie Sie am Büromaterial-Einkauf 10% sparen.
  Jetzt ist es bewiesene Tatsache:
  (folgt Aufzählung von Vorteilen)
  Wie Sie sich endlich eine neue XY leisten können – und damit viel Zeit gewinnen.

* Stellen Sie den Angebotsvorteil so dar, als sei er bereits Realität:
  Ab heute können Sie es mit jedem Meisterkoch aufnehmen.
  In diesen Schuhen schweben Sie spazieren...

* Versprechen Sie das Erreichen eines Ziels:
  In nur sechs Monaten stehen Sie auf der Karriereleiter eine Stufe höher.
  Fordern Sie das Angebot heute an – und in drei Wochen haben Sie 100%ig dichte Fenster.
  Um diese Sammlung wird Sie jeder Kunstfreund beneiden.

* Provozieren Sie (aber nicht persönlich werden!):
  Sind Spediteure Spitzbuben? (sagt ein Spediteur)

Es ist keine Schande, XY nicht zu kennen – nur eine Sünde wider den eigenen Geldbeutel.
Schlafen Sie ruhig... XY-Alarm hält die Augen offen.

* Entkräften Sie ein verbreitetes Vorurteil:
  Wenn Sie glauben, nur große Firmen könnten Factoring nutzen – dann werden Sie diese Tatsachen überraschen...

* Die Wenn-dann-Methode (sie funktioniert auch mit anderen Wörtern):
  Wenn Sie zuviel für Verpackung bezahlen, dann bringt Ihnen dieser Brief eine Lösung
  Geben Sie mir 5 Minuten – und ich zeige Ihnen, wie schnell Sie Sprachen lernen können.
  Entweder träumen Sie weiter vom großen Glück – oder Sie spielen jetzt in der XY-Lotterie.

B 6. Fragen rasch beantworten

B

Wenn Ihnen mit der Fragemethode eine spannende Einleitung geglückt ist, müssen Sie rasch eine Antwort geben und das Rätsel lösen.

Aber auch wenn Sie nicht die Frageform gewählt haben, müssen die Fakten bald auf den Tisch – denn es liegt im Wesen einer interessanten Einleitung, daß sie noch Fragen offen läßt. (Deshalb reizt sie ja zum Weiterlesen.)

Dies ist ein Beispiel für eine geglückte Einleitung:

* Wie können Sie 20% mehr Miete erhalten,

  ohne daß Ihre Mieter mehr bezahlen? Ganz einfach:
  Gewinnen Sie zusätzlichen Wohnraum im Dachgeschoß. Gründliche Sanierung des Daches und sorgfältige Isolierung schaffen die Voraussetzungen dafür.

Noch ein Beispiel:

* Liebe Freunde guten Wohnens,

  wußten Sie, daß es eine der kleinsten, exklusivsten Wohnzeitschriften nirgendwo zu kaufen gibt? Obwohl sie begehrt ist? Obwohl sie gern gelesen wird?

  Richtig. Weil sie ausschließlich an ausgewählte Empfänger verschenkt wird...

Auf keinen Fall dürfen Sie die Frage breit auswalzen oder gar andere Gedanken zwischenschieben. Ihr Leser verliert sonst den Zusammenhang und wird den Brief vielleicht zur Seite legen, weil er die Antwort nicht gleich findet. Auch das letzte Beispiel würde durch Kürzen noch gewinnen.

B 7. Produktvorteil und Motivation

Die konkreten Vorzüge, die ein Angebot, ein Produkt oder sein Gebrauch bietet, sind für den Leser wichtig. Sie dienen der rationalen Begründung für den Kaufentschluß.

Ebenso wichtig aber ist die emotionale Schubkraft der – oft unbewußten – Kaufmotive (A 1.). Sie dürfen also nicht vernachlässigt werden. Gerade das Werbemittel Brief spricht vor allem die Gefühlsebene an – im Gegensatz etwa zu den meisten Anzeigen oder Prospekten.

Wenn Sie nicht sowieso Produktvorteil und Kaufmotiv schon miteinander verquickt haben, sollten Sie eins dem anderen rasch folgen lassen. Nennen Sie also emotionale Gründe, weshalb der Leser das Produkt kaufen sollte. Etwa:

* Wo Sie mit einem XXX-Modellkleid erscheinen, werden Ihnen die Blicke folgen...

Oder sagen Sie ihm umgekehrt, durch welchen realen Produktvorteil ein emotionaler Wunsch erfüllt wird:

* So einfach ist die XYZ-Methode, daß Sie schon in einer Woche Ihre Freunde mit flotten Melodien beeindrucken können.

Ein Brief – vor allem der Briefanfang – sollte den Leser immer auf Verstandes- und Gefühlsebene ansprechen. Diese Schlagzeilen und gekürzten Briefanfänge verbinden rationale und emotionale Ansprache:

* Schnell eine gute Tasse Kaffee – und die Arbeit geht nochmal so flott.
* Probieren Sie die genußvolle Art, die schlanke Linie zu bewahren.
* Ist die EDV eine Hürde vor Ihrem Karriereziel?
  Jetzt können Sie sie rasch überspringen.

Vergleichen Sie bitte auch die Briefmuster I 6, I 30, I 31, I 41 und I 44.

B 8. Beherrscht der wichtigste Vorteil das Angebot?

B

Es gibt Angebote mit einem beherrschenden Vorteil. Er ist allein so stark, daß er den Leser überzeugt. Wenn Sie nun weitere Vorteile aufzählen, wird der Supervorteil dadurch abgeschwächt. Also bleiben Sie nur bei dem einen. Vielleicht können Sie ihn unter verschiedenen Gesichtspunkten darstellen. Wenn ein Angebot beispielsweise Geld spart, könnten Sie sagen, was man für das Ersparte kaufen kann oder für wieviel Einheiten ein bestimmter Betrag reicht. Oder einen Vergleich ziehen, der die Preiswürdigkeit untermalt: ...kostet weniger als eine Zigarette pro Tag.

Wenn Sie weitere Vorzüge nicht völlig unerwähnt lassen wollen, hängen Sie sie in kurzen (Neben)Sätzen an. Etwa so:

* ...und trotz dieser Qualität ist XY verblüffend preiswert.
* Um so mehr wird es Sie freuen, daß XY so günstig ist.
* Das alles bekommen Sie frei Haus und können nach Herzenslust probieren.

Von einem Angebotsvorteil geprägt sind beispielsweise die Briefe I 1, I 13 – 16, I 17.

B 9. Weitere Vorteile

Meistens sind für den Leser mehrere Vorteile kaufentscheidend. Sie haben ja schon im Schritt A 5. eine Rangliste aufgestellt. Wählen Sie die wichtigsten für Ihre weitere Argumentation.

Zusätzliche Vorteile – oft sehr wesentliche – finden sich nicht nur im Produkt selbst, sondern im Umfeld. Diese Zusatznutzen haben Sie unter A 3. gesammelt. Checken Sie ab, welche Sie den eigentlichen Produktvorteilen zugesellen sollten.

Opfern Sie jedoch nicht die Übersichtlichkeit und den leichten Lesefluß einer übergroßen Vielzahl an Argumenten. Der Leser könnte sich in diesem Dschungel regelrecht verfangen. Für eine vollständige Aufzählung von Eigenschaften eignet sich der Prospekt besser. Vorteile in den Lieferbedingungen kann man sehr gut auch auf dem Antwortformular darstellen.

Es wird in der Regel vorteilhaft sein, sich im Brief auf drei, höchstens fünf wesentliche Argumente zu beschränken. Wählen Sie bei Aufzählungen eine ungerade Anzahl – sie ist aus irgendwelchen „magischen“ Gründen eindringlicher als eine gerade.

Mehrere Vorteile für den Leser nennen z.B. die Briefe I 1, I 18, I 22, I 55.

B 10. Die Konkurrenzsituation

B

Was haben Sie, was Ihre Konkurrenz nicht hat? Wenn es solche Punkte gibt, sollten Sie Ihren Vorsprung als Vorteil für den Kunden formulieren. Sind es Vorzüge von einiger Bedeutung, könnte es sich lohnen, die gesamte Argumentation darauf aufzubauen.

Prügeln Sie sich nicht mit der Konkurrenz, auch nicht verbal – das gibt nur Ärger. Verwenden Sie lieber unverfängliche Formulierungen wie:

* Bisher bezahlten Sie für ein vergleichbares Produkt...
* Prüfen Sie selbst: Wer bietet Ihnen so vorteilhafte Konditionen?
* Früher verwendete man dafür den gefährlichen Asbest. Seit es xxxx gibt...
* Gegenüber herkömmlichen Systemen spart diese neue Technologie 26% Energie.

B 11. Leserfragen entkräften

Ihr Leser hat eine Menge Fragen und Einwände. Im Arbeitsschritt A 10. haben Sie Beispiele gelesen – und die in Ihrem Fall vermutlich zutreffenden aufgeschrieben.

Daß der Leser Ihnen seine Einwände nicht persönlich vorbringen kann, ändert nichts daran, daß sie unausgesprochen in seinem Gehirn arbeiten. Deshalb müssen Sie diese Fragen und Einwände vorwegnehmen und entkräften. Das gelingt oft durch direktes Beantworten mit einem Produktvorteil oder Argument:

* Aber ist das nicht viel Geld für ein so einfaches Organisationsmittel..? Gerade weil es so einfach ist, spart es Ihnen viel Zeit. Und wenn Sie unterm Strich zusammenrechnen, bringt Ihnen die Zeitersparnis weit mehr Gewinn, als XY kostet...

* Und wer beweist mir, daß die Sache auch funktioniert? Die Fachzeitschrift AB hat in ihrer Aprilnummer XY unter die Lupe genommen und festgestellt, daß... Aber was das in Ihrer persönlichen Praxis bedeutet, sollten Sie besser selbst beurteilen...

Zwei Beispiele, wie man mögliche Einwände verbal aufgreift und durch eine Produkteigenschaft oder ein Urteil Dritter widerlegen kann. Produktvorteile sollten eindeutig (am besten beweisbar) sein. Ein Test- oder Prüfbericht, ein Kundenurteil, eine Zeitungsnotiz usw. verleihen der Argumentation hohe Glaubwürdigkeit.

Sie sehen an den Beispielen ferner, wie gut sich mit eingeschobenen Fragen Absätze verbinden und Briefe beleben lassen.

Sie müssen aber die Kundenfragen nicht auf dem Papier wiederholen – es genügt, wenn Sie die Antworten geben. Die Produktvorteile, die Sie gesammelt haben, sind bereits Antworten auf Fragen des Lesers. Antworten Sie also mit Produktvorteilen auf weitere Leserfragen.

Wichtig ist, daß der Leser immer wieder eine Bestätigung für erhoffte Vorteile findet oder daß Befürchtungen abgebaut werden. Damit wird jedesmal eine JA-Reaktion, eine Zustimmung zum Angebot ausgelöst. Viele kleine JAs beim Lesen ergeben das große JA beim Kauf!

B 12. Image-Korrekturen

Was haben Sie bei A 9. über das Image Ihrer Firma, Ihres Produktes herausgefunden? Verbindet ein großer Teil der Adressaten Ihres Briefes positive oder negative Gedanken damit?

Ein positives Image werden Sie zu verstärken suchen. Dabei helfen wieder Berichte, Kundenurteile usw. – vor allem aber die eigene Erfahrung des Lesers:

* „Sie wissen ja selbst, daß Sie bei XXX immer gut beraten sind..."
* „Gewiß haben Sie sich schon gewundert, wie solche Preise möglich sind."

Ist das Image negativ, müssen Sie die entsprechenden Punkte zu korrigieren versuchen. Eine dauerhafte Korrektur ist allerdings nur durch längere Anstrengungen möglich.

Wenn ein Produkt als teuer gilt, wird es wenig helfen, das Gegenteil für wahr zu erklären. Es bedarf subtiler Überzeugungsarbeit, um den Preis z.B. qualitativ zu rechtfertigen:

* „Natürlich gibt es Bohrmaschinen auch schon für weniger Geld. Fragt sich nur, ob sie dasselbe leisten – und wie lange Sie Ihre Freude daran haben."

Das Image wird weitgehend emotional bestimmt. Deshalb kann man es meistens auch emotional beeinflussen. Auch Sachargumente wirken oft stärker, wenn sie emotional „verpackt" sind – wie im letzten Beispiel.

B 13. Ordnen

Ordnen Sie alles, was Sie an Textbausteinen gesammelt haben, etwa nach diesem Schema für den Briefaufbau:

1. Fesseln	Vorteil für den Leser Motive Problemlösung
2. Überzeugen	Weitere Vorteile Argumente Beweise (Daten, Fakten, Urteile) Fragen beantworten
3. Aktivieren	Was bekommt der Leser? Was versäumt er bei Nichtreagieren? Wie reagieren? Warum sofort?
4. PS	Extra-Bonbon Reaktionsförderer

Wenn möglich, ordnen und verbinden Sie alle Vorteile und Argumente zu einer logischen Kette. Der Text liest sich eingängiger, wenn ein Glied ins andere greift.

Wenn das nicht klappt, können Sie auch die Argumente ohne inneren Zusammenhang aneinanderreihen oder sie als Vorteilspunkte numerieren.

Entweder widmen Sie jedem Argument einen eigenen Absatz – oder Sie gehen auf dessen verschiedene Gesichtspunkte in je einem Absatz ein, so daß sich ein Argument auf mehrere kurze Absätze verteilt. So wird der Brief übersichtlich.

Weniger gut ist es in der Regel, mehrere Produktvorteile in einem Absatz zu nennen. Sie werden dann zu kurz behandelt und prasseln so rasch auf den Leser ein, daß er sie kaum aufnehmen kann.

C. Formulieren

C

Mit dieser Checkliste werden Sie den Rohtext eingängiger formulieren, die Fakten glaubwürdiger darstellen.

C 1. Formulieren Sie aus der nach B 5. gefundenen Einleitung eine möglichst prägnante, spannende oder geheimnisvolle Schlagzeile.

C 2. Versuchen Sie, die Vorteile des Angebotes zu beweisen.

C 3. Treffen Sie konkrete Aussagen, nennen Sie exakte Zahlen.

C 4. Vergleichen Sie Eigenschaften des Angebotes mit bekannten Tatsachen.

C 5. Bemühen Sie sich, die Dinge aus der Sicht des Lesers zu betrachten.

C 6. Stellen Sie die Dinge so dar, daß der Leser innerlich JA dazu sagt.

C 7. Versprechen Sie dem Leser, daß die Vorteile für ihn Wirklichkeit werden.

C 8. Sagen Sie dem Leser, was er versäumt, wenn er nicht reagiert.

C 9. Sagen Sie dem Leser klipp und klar, wie er (gemäß A 11.) reagieren soll.

C 10. Begründen Sie gemäß A 12., warum der Leser sofort reagieren soll.

C 11. Bieten Sie dem Leser Garantien dafür, daß er nichts riskiert.

C 12. Geben Sie ihm das Bonbon (A 13.) im PS oder wiederholen Sie dort noch einmal den wichtigsten Vorteil – vielleicht mit anderen Worten.

Diese Checkliste liegt dem Buch noch einmal lose bei. So können Sie gleichzeitig die folgenden Erklärungen zu jedem Punkt studieren.

C 1. Schlagzeile formulieren

Nehmen Sie sich nochmals die im Schritt B 5. gefundene Einleitung vor. Bilden Sie daraus – oder aus ihrem ersten Teil – eine Schlagzeile. Versuchen Sie, sie so kurz und spannend wie möglich zu formulieren.

Spannend heißt: Verraten Sie nicht gleich alles. Stellen Sie eine Frage – sie zieht den Leser in den Text hinein. (Beispiele für Schlagzeilen in Frageform finden Sie unter B 1.)

Den gleichen Effekt erzielen Sie, wenn Sie einen Satz mittendrin abbrechen.

Stellen Sie diese Schlagzeile über den Text. Es ist gut, wenn sie nicht mehr als höchstens acht Wörter oder 14 Silben hat. Je kürzer, desto leichter geht sie „runter“.

Ist die Schlagzeile länger, teilen Sie sie in zwei Teile und nehmen den 2. Teil als Textanfang. Zum Beispiel so:

* Wenn Ihr Urlaub weniger kosten soll…

  …dann sollten Sie den Weg über das Reisebüro XY nehmen…

oder:

* Sind Zinsen wirklich alles –

  oder sollte man nicht zuerst die Sicherheit einer Geldanlage im Auge behalten…

Sie können auch mit der Schlagzeile eine persönliche Anrede einrahmen:

C

* Nicht die Haare raufen,

sehr geehrter Herr Müller,

wenn die Vertriebskosten immer höher klettern und die Gewinne auf Talfahrt sind...

Natürlich könnten Sie mit dem Einleitungssatz auch erst nach der Anrede beginnen – aber wenn der Anfang spannend ist, kommt er besser zur Geltung, wenn er schon vor der Anrede beginnt.

Eine Aufzählung als Einleitung (B 5.) ordnen Sie als Block über dem Text an. Auch eine Zusammenfassung des Inhalts oder den Beginn einer Geschichte können Sie so vom Text abheben. Weil diese Trennung den Lesefluß hemmt, müssen solche Texte sehr starkes Interesse wecken, um den Leser hinüberzuziehen.

Versuchen Sie, eine namentliche Anrede zu verwenden – oder gar keine. Sammelanreden á la „Lieber Leser" reißen keinen solchen vom Hocker. Sie können ihn besser ansprechen, indem Sie seine Interessen auf den Nerv treffen. Wenn aber schon Sammelanrede, dann möglichst individuell –

nicht:	sondern:
* Lieber Leser	Lieber Gartenfreund
* Liebe Gäste	Verehrte Feriengenießer
* Liebe Musikfreunde	Hallo Beatles-Fans

Eine Sammelanrede ist nie so stark wie eine gute Schlagzeile. Deshalb wird sie immer der Schlagzeile nachgestellt oder von der Schlagzeile eingerahmt.

C 2. Beweisen Sie Vorteile

Sie sind der Anbieter einer Ware oder Leistung... deshalb unterstellt Ihnen der Leser Voreingenommenheit in eigener Sache. Völlig zu Recht.

Versuchen Sie also, Ihre Angaben durch neutrale Aussagen zu beweisen. Zum Beispiel mit Auszügen aus Testberichten, Artikeln in Fachzeitschriften, Urteilen von Kunden*) oder Prominenten. Sagen Sie beispielsweise

* Der TÜV hat nachgewiesen...
* Wissenschaftler der Technischen Hochschule Aachen haben errechnet..
* Die Fachzeitschrift XY schrieb im Aprilheft...

Sie können auch generelle Aussagen und Stellungnahmen als „Beweis“ heranziehen, die nicht direkt auf Ihr Produkt gemünzt sind.

Im Brief sollten Sie aber aus Gutachten etc. nur einen markanten Satz oder höchstens einen kurzen Abschnitt zitieren.

Auch Allgemeinwissen und Lebenserfahrung des Lesers haben gewisse Beweiskraft. Jeder weiß etwa, daß es am Polarkreis kalt ist – wenn ein Auto dort fährt, wird es auch mit unserem Winter fertig.

Auch ein Bild, eine Grafik, eine Tabelle oder ein Muster kann Beweiskraft haben (das ist dann aber kein reinrassiger Brief mehr).

*) Wenn Sie Kundenurteile zitieren – der Glaubwürdigkeit halber mit vollem Namen und Datum!

C 3. Konkrete Angaben machen

Häufig enthalten Briefe pauschale Angaben. Sie flößen kein besonderes Vertrauen ein. Es wirkt überzeugender, wenn Sie konkrete Angaben machen,

etwa:

* 4350 Bürger unserer Stadt haben es probiert...
* Mit diesem Zusatzgerät arbeitet Ihre Maschine bis 46% schneller...
* Sie sparen 13% Heizkosten...
* Prof. Miller von der Universität Berkley und 13 internationale Top-Experten...

statt:

Viele Tausend Kunden sind begeistert...
Mit diesem Zusatzgerät arbeitet Ihre Maschine fast doppelt so schnell...
Sie sparen über 10% Heizkosten...
Viele berühmte und bekannte Experten haben dieses Buch geschrieben...

Konkretes ist glaubwürdiger! Haben Sie keine Angst vor krummen Zahlen – sie sind besser als vage Angaben.

C 4. Vergleiche fördern die Glaubwürdigkeit

Vergleiche sind anschaulicher als bloße Fakten. Deshalb haben sie große Überzeugungskraft. Das besonders, wenn der Vergleichsmaßstab allgemein bekannt ist:

* Diese Linse sieht 35mal schärfer als das Auge eines Falken.
* Dieses Klebeband kann einen erwachsenen Mann tragen.
* ...sind Ihre Wertsachen so sicher wie die Kronjuwelen im Tower.
* Bevor Ihre Sekretärin einmal mit den Wimpern klimpert, ist die Seite schon perfekt kopiert.
* An einem einzigen Tag kuvertiert diese Maschine Umschläge mit einer Gesamtlänge von Oslo bis Palermo.
* ...zaubert den Sommer in kühle Räume
* Selbst wenn Sie in der Wall Street wohnten, könnten Sie keine heißeren Börsentips bekommen.

C

C 5. Durch die Brille des Lesers sehen

Wer im Schreiben von Werbetexten wenig Übung hat, neigt immer dazu, die Dinge aus seiner Sicht darzustellen. Daraus entstehen Behauptungen, die der Leser glauben kann oder auch nicht.

Wollen Sie den Leser überzeugen, müssen Sie gewissermaßen seine Brille tragen. Sie müssen sich überlegen, was ein Produktvorteil für ihn bedeutet, seine Zweifel berücksichtigen, aus seiner Sicht argumentieren.

Beweise, konkrete Angaben, Vergleiche mit Bekanntem – das alles berücksichtigt die Betrachtungsweise des skeptischen Lesers. Bleiben Sie nicht in Ansätzen stecken; versuchen Sie, Ihren ganzen Text mit der Brille des Lesers zu sehen.

Wenn Sie möglichst selten WIR und UNS, aber möglichst oft SIE und IHR schreiben, rücken Sie automatisch vom eigenen Standpunkt ab. (Wir kommen darauf noch unter D 7. zurück.)

Das sind Behauptungen:

* Wir haben diese Anlage auf äußerste Energieeinsparung konstruiert.
* Unsere Terminsicherheit ist unübertroffen.
* Wir sichern Ihnen heute schon zufriedenstellende Ausführung zu.

Und so wirken sie überzeugender:

* Sie werden Ihren Heizöl-Lieferanten so schnell nicht wiedersehen...
* Geplatzte Termine? Den Ärger können Sie vergessen...
* Fragen Sie doch unsere Auftraggeber, wie gut die Zusammenarbeit klappt.

C 6. Sammeln Sie JAs

Es ist wichtig, daß Sie die Zustimmung des Lesers erhalten – nicht nur einmal, sondern immer wieder. Nur dann bleiben Sie einen Brief lang im Dialog mit dem Leser. Nur so baut sich das große JA des Auftrags (oder was immer Sie erreichen möchten) langsam aus vielen kleinen JAs auf.

Dazu brauchen Sie natürlich nicht ständig Fragen zu stellen – wiewohl Fragen interessant und belebend wirken. Auch ein Produktvorteil, eine Problemlösung, eine Bestätigung von Erwartungen, Wünschen oder Erfahrungen löst JA-Signale aus.

Bewährte Auslöser von JA-Reaktionen sind auch die sogenannten mail-order-Wörter wie

Neu,
Gratis,
Kostenlos,
Jetzt,
Exklusiv,
Zur Probe,
Garantie,
Gewinn,
Sparen,
Probieren,
Test,
Vorteil,
Ersparnis,
Geschenk,
Risikolos,
Unverbindlich,
Nie mehr,
Noch nie,
Nur noch.

Prüfen Sie also Ihren Text, ob er immer wieder Zustimmung des Lesers auslöst: Ja, so ist's. Ja, das wäre prima. Ja, das kenn ich. Ja, das ist gut. Ja, das möchte ich gern haben. Ja, das kann ich ruhig probieren.

C

C 7. Geben Sie ein Versprechen

Das Versprechen heißt: All die Vorteile, die schönen Dinge und Gefühle werden für dich wahr... wenn du jetzt zugreifst. In der Regel wird also das Erreichen des Vorteils direkt mit der erwünschten Reaktion in Verbindung gesetzt. Formulieren Sie das Versprechen klar und deutlich, vielleicht ungefähr so:

* Testen Sie XY. Sie werden Erfolg haben. Rufen Sie einfach Ihr Originalmuster ab...
* Ein Vorzugsplatz ist Ihnen sicher, wenn Sie Ihre Karte umgehend abschicken.
* Schon morgen können Sie dieses Geschmacks-Erlebnis selbst kennenlernen: Rufen Sie einfach an...
* Diese Vorzüge können Sie um so schneller nutzen, je rascher Sie Ihre Antwort einschicken...

Nur wenn das Ziel weit entfernt ist oder sehr emotional befrachtet, kann ein Satz in der Möglichkeitsform besser sein. Das ist zwar kein konkretes Versprechen, rückt aber die Wünsche doch in greifbare Nähe:

* Wäre es nicht herrlich, wenn Sie in einem Jahr von sich sagen könnten: Jawohl, ich hab's geschafft! Tun Sie heute den ersten Schritt, und senden Sie mir Ihre Antwort.

C 8. Was versäumt der Leser, wenn er nichts tut?

Um den Leser zu aktivieren, sollten Sie ihm sagen, was er beim Nicht-Reagieren versäumt. Das ist die Umkehrung der Regel C 7. Man wählt diese Methode mitunter, wenn von Sicherheit oder negativen Folgen die Rede ist. Da Versäumnisse immer etwas Negatives sind, ist der Trick nur mit Vorsicht zu empfehlen.

C

* Bevor Sie Ihre Chance verpassen, sollten Sie...
* Warten Sie nicht, bis es für wirksame Vorsorge zu spät ist...

Manchmal ist es besser, den Nachteil des Versäumnisses in einem Atemzug mit einem Vorteil zu verquicken:

* Sie werden XY nie mehr so günstig beziehen können, wenn Sie nicht...
* Es ist gut möglich, daß Sie nie von einem Computer- Mißbrauch betroffen werden. Aber es ist auf jeden Fall ein Vorteil für Ihr Unternehmen, wenn Sie heute schon vor den Folgen sicher sind.

C 9. Wie reagieren?

Wenn Sie dem Leser die Vorzüge Ihres Angebotes schmackhaft gemacht haben, müssen Sie ihm klipp und klar sagen, wie er in ihren Genuß kommt: Durch seine Reaktion.

Sagen Sie ihm zunächst, was er mit seiner Antwort auslöst. Da immer eine latente Sorge vor Verpflichtungen besteht, schafft Klarheit in diesem Punkt Vertrauen. Schreiben Sie beispielsweise:

* Verlangen Sie den kostenlosen 60seitigen Farbprospekt..
* Fordern Sie XY für 14 Tage zur Probe an...
* Bestellen Sie Ihren Wunschtitel mit 8 Tagen Rückgaberecht...
* Lassen Sie sich doch einfach das Gratismuster kommen..
* Rufen Sie unverbindlich Ihr Ansichtsexemplar ab...

Noch wichtiger aber: Sagen Sie dem Leser klipp und klar, wie er reagieren soll. Per Antwortkarte oder Telefon, mit einem Besuch im Geschäft oder einer Überweisung. Es genügt als Handlungs-Auslöser nicht, einfach eine Antwortkarte beizulegen. Auch der lapidare Hinweis auf die Anlage bringt's nicht. Kauen Sie Ihrem Leser die notwendige Handlung regelrecht vor:

* Ihre Unterschrift auf der Antwortkarte genügt – und dann einfach in den nächsten Briefkasten werfen.
* Ihre Adresse steht schon auf der Anwortkarte. Werfen Sie sie einfach in den Briefkasten – dann können Sie sich schon bald auf XY freuen.
* Werfen Sie Ihren Gutschein heute noch in den Briefkasten – auch ohne Marke, wenn keine zur Hand ist.
* Tragen Sie Ihre Wünsche auf Ihrem persönlichen Bestellschein ein. Ein Freiumschlag liegt bei!
* Lassen Sie sich diese Augenweide nicht entgehen! Kommen Sie gleich morgen in unser Geschäft, dann haben Sie noch die ganze große Auswahl.
* Wählen Sie gleich die 9999 –, und Sie lernen unseren Service kennen.

* Rufen Sie einfach an: 0999/999, – oder schicken Sie die Karte aus dem Katalog.

Anmerkung zum letzten Satz: Normalerweise ist es nicht empfehlenswert, Alternativen zu nennen. Die Anweisung sollte möglichst eindeutig und konkret sein.

Betonen Sie immer, wie einfach die Reaktion ist. Werden Sie auch nicht müde zu erwähnen, welche Vorteile die Reaktion dem Leser bringt.

Sie verschenken einen Teil der Werbewirkung, wenn Sie den Leser nicht eindeutig zum Reagieren auffordern!

C 10. Warum sofort reagieren?

Der Handlungsanreiz wird noch zwingender, wenn Sie in die Aufforderung einen Grund für rasches Reagieren einbauen. Denn wenn der Leser Ihren Brief erst mal zur Seite gelegt hat, ohne zu antworten, haben Sie das Spiel meistens verloren. Wohl gibt es Entscheidungsprozesse, die länger dauern und Spontanreaktionen erschweren – aber deshalb versuchten wir ja, die Reaktionsschwelle möglichst niedrig zu halten.

Ähnlich wie unter C 8. können Sie dem Leser klarmachen, was er versäumt – oder besser: welche Chance er nutzt, wenn er nicht zögert. Einige Mustersätze:

* Senden Sie noch heute die beiliegende Anforderungs-Karte ab, dann besitzen Sie schon in wenigen Tagen dieses wertvolle Informationspaket.
* Rufen Sie Ihr Originalmuster und eine ausführliche Informationsmappe einfach mit der beiliegenden Karte ab, um diese sieben Vorteile zu nutzen.
* Sie sichern sich den Sonderpreis, wenn Sie Ihre Antwort umgehend in den Briefkasten stecken.
* Ich habe Ihnen XY für 10 Tage reserviert. Danach kann ich Ihnen die Lieferung nur zusagen, so lange der geringe Vorrat reicht.
* Die ersten 100 Kunden bekommen ein XY gratis! Bitte antworten Sie also schnell, es lohnt sich.
* Wenn Sie noch heute Ihre Einladungskarte abschicken, können Sie in Ihren eigenen vier Wänden erfahren, was „savoir vivre“ bedeutet...
* Noch sind Kredite so günstig wie selten zuvor... Wenn Sie jetzt auf Ihrer Zweigstelle vorbeikommen, sichern Sie sich diese Super-Konditionen auf Jahre!
* Wenn Ihre Karte innerhalb der nächsten 8 Tage eintrifft, sind Ihre reservierten Exemplare garantiert noch da.
* Tag für Tag werden Sie mit XY Geld sparen. Deshalb profitieren Sie um so mehr davon, je rascher Sie Ihre Bestellung aufgeben...

C 11. Garantiert ohne Risiko

Jeder Mensch scheut das Risiko. Besonders, wenn viel Geld oder Zeit auf dem Spiel steht, wenn Angebot und Anbieter unbekannt sind.

Letzteres können Sie erst ändern, wenn Interessenten zu Kunden geworden sind. Doch selbst ein Angebot an Stammkunden, deren Vertrauen Sie längst erworben haben, wirkt besser, wenn Sie das „Restrisiko" begrenzen.

Unter A 11. haben Sie einige Möglichkeiten kennengelernt. Dort ging es darum, den großen Schritt vom vagen Interesse zum Kauf in kleinere Zwischenschritte zu unterteilen, etwa: Anfordern ausführlicher Informationen, Musterbestellung, Kauf.

Hier am Briefschluß geht es nicht darum, den Schritt zur Reaktion kleiner zu machen – sondern den Absprung zu erleichtern. Bieten Sie dem Leser eine Garantie gegen das Risiko... daß er selbst dann „weich landet", wenn er sich beim Absprung verschätzt.
Alles klar? Also, Beispiele:

* Selbstverständlich erhalten Sie weitere Informationen völlig gratis und unverbindlich.
* Das umfangreiche Info-Paket bekommen Sie ohne irgendeine Verpflichtung – und ohne einen Pfennig Kosten.
* Sollten Sie nicht wirklich 100%ig zufrieden sein, zahlen Sie keinen Pfennig.
* Dieser Test geht voll und ganz auf unser Risiko. Entweder überzeugt er Sie – oder Sie schicken alles zurück und schulden uns keinen Pfennig.
* Garantiert kein Risiko – unbeschränktes Rückgaberecht.
* Kein Vertreterbesuch! Unsere schriftlichen Informationen können Sie Wort für Wort nachprüfen und genau überlegen.
* Sollten wir Ihnen zuviel versprochen haben, schicken Sie Ihre Testsendung einfach zurück. Damit ist der Fall für Sie erledigt.

* Sie gehen kein Risiko ein, denn Sie können jederzeit kündigen. Ohne Angabe von Gründen, ohne Kündigungsfrist. Einfach per Postkarte.
* 14 Tage lang können Sie XY ungeniert ausprobieren. Erst dann entscheiden Sie, ob Sie XY behalten wollen.
* Das Probe-Abonnement endet automatisch, wenn Sie nicht um Weiterlieferung bitten. Sie haben also keine Überraschung zu befürchten.
* Ihre Antwort und auch das Geschenk verpflichten Sie zu nichts. Nur wenn Sie XY über die Ansichtsfrist hinaus behalten, senden wir Ihnen auch die weiteren Ausgaben.

Es versteht sich, daß Sie eine gesetzlich vorgeschriebene Widerrufs-Garantie in diesem Sinne formulieren.

C 13. Das Bonbon zum Schluß

Es kommt am Briefschluß besonders darauf an, ein günstiges Klima zu erzeugen. Das erreichen Sie auf zweierlei Weise: Entweder resümieren Sie nochmals einen wichtigen Vorteil Ihres Angebotes – oder Sie geben dem Leser ein kleines Bonbon obendrauf. Zum Beispiel eine kleine Gratisgabe oder sonst eine Vergünstigung – siehe A 13.

Das PS ist dafür der geeignete Platz. Denn es ist – nach der Schlagzeile – der Teil des Briefes, der zuerst gelesen wird. Findet der Leser auch hier einen Vorteil, der ein kleines JA auslöst, ist das Weiterlesen gesichert.

Tun Sie aber des Guten nicht zuviel. Falls Sie schon für schnelle Reaktion etwas Besonderes versprochen haben, bringen Sie im PS lieber einen Produktvorteil unter. Oder Sie versprechen eben das Bonbon für die rasche Reaktion nur im PS und formulieren die Aufforderung zum Einsenden anders.

Was Sie auch immer schreiben –, denken Sie daren: Das PS ist ein Vorzugsplatz im Brief, dessen Aufmerksamkeitswert unmittelbar nach der Schlagzeile rangiert. Zu schade, um dort Vergessenes nachzutragen!

So kann ein gelungenes PS aussehen:

* Denken Sie daran: Ihre Antwort nimmt automatisch an der großen XY-Verlosung teil!
* Ich lege Ihrem Muster gratis einen interessanten Sonderdruck aus der Fachzeitschrift XY bei – solange der Vorrat reicht.
* Den großen Ratgeber für Bauherren bekommen Sie kostenlos, wenn Sie umgehend Ihr Angebot einholen.
* Übrigens: Diese Aufnahme ist gerade mit dem Deutschen Schallplattenpreis ausgezeichnet worden.
* Als kleines Dankeschön für Ihre Antwort bekommen Sie gratis den leuchtenden Schlüsselanhänger. Sie dürfen ihn natürlich auch dann behalten, wenn Sie die Sendung innerhalb der Ansichtsfrist zurückgeben.

* Interessiert Sie, was die Stiftung Warentest zu XY sagt? Eine Kopie des ausführlichen Berichtes lege ich dem Info-Paket bei.
* Sie werden es nicht für möglich halten, welche Klangfülle dieses kleine Gerät entfaltet... bis Sie es selbst gehört haben! Sagen Sie deshalb Ja zum unverbindlichen 14-Tage-Hörtest.

D. Optimieren

Ihr Text enthält alles Wichtige und ist gut formuliert. Aber er kommt als (meist unerbetene) Werbung ins Haus und muß sich gegen vielerlei Konkurrenz durchsetzen. Deshalb bringen Sie ihn in eine besonders leicht lesbare, gut verständliche Form. So werden Interesse und Aufnahmevermögen des Lesers nicht überfordert.

D 1. Bauen Sie einfache und übersichtliche Sätze, im Schnitt nicht mehr als 10 Wörter je Satz.

D 2. Verwenden Sie kurze Wörter, im Schnitt nicht mehr als 2 Silben pro Wort.

D 3. Gliedern Sie den Text in kurze Absätze mit maximal 6 Zeilen á 60 Buchstaben.

D 4. Beschreiben Sie bildhaft: mit treffenden Eigenschaftswörtern und Vergleichen.

D 5. Verwenden Sie aktive Verben – vermeiden Sie das Passiv, Partizipien und Hilfsverben.

D 6. Prüfen Sie, ob Hauptwörter – vor allem solche, die auf -ung enden – durch Zeitwörter ersetzt werden können.

D 7. Sagen Sie selten ICH, WIR, UNSER – aber so oft wie möglich SIE und IHR.

D 8. Streichen Sie alle Superlative, bombastischen Formulierungen und Selbstlob.

D 9. Streichen oder ersetzen Sie Fremd- oder Fachwörter, die nicht unbedingt notwendig sind.

D 10. Streichen Sie alle Silben, Wörter und Sätze, die nicht für das Verständnis, die Überzeugung oder die Atmosphäre des Briefes wichtig sind.

D 11. Ist der Stil höflich, freundlich, ungezwungen – nicht floskelhaft und geschwollen?

Diese Checkliste liegt dem Buch noch einmal lose bei. So können Sie gleichzeitig die folgenden Erklärungen zu jedem Punkt studieren.

D 1. Sätze vereinfachen

Die meisten Briefschreiber packen viel zuviel in einen Satz. Das gibt schwer verständliche Bandwurm- und Schachtelsätze. Sie überfordern die Energie ihrer Leser und führen rasch zum „Aussteigen". Vergessen Sie nicht: Ihre Werbung kommt ungebeten. Nur wenn der Nutzen größer ist als die Mühe, beschäftigt sich der Leser damit.

Etwas verstehen ist ein Erfolgs-Erlebnis für den Menschen. Der Leser quittiert jeden verstandenen Satz mit einem inneren JA. Aber jeder unverständliche Satz gibt ihm ein NEIN-Signal. Sobald die NEINs überwiegen, hört er zu lesen auf.

Also bauen Sie einfache und übersichtliche Sätze. Drei Regeln helfen Ihnen dabei:

D 1.1. Nur ein Gedanke pro Satz

Hängen Sie mehrere Gedanken nicht mit Bindewörtern aneinander. Packen Sie auch nicht einen ganzen Gedankengang in mehrere Nebensätze. Versuchen Sie lieber, einen Gedankengang in einzelne Gedanken aufzulösen. Ein Beispiel:

* Die meisten Menschen, auch wenn sie im Briefeschreiben geübt sind, packen zu viel in einen Satz, was schwer verständliche Bandwurm- und Schachtelsätze ergibt, die die Energie des Lesers überfordern und rasch zum „Aussteigen" führen.

Kommt Ihnen das bekannt vor? Ja, das war die Einleitung zu diesem Kapitel. Dort ist sie allerdings auf drei Sätze verteilt. Vergleichen Sie mal...! Noch ein Beispiel:

* Pierre Salinger, bekannter Fernsehkommentator, Jack Kelly, Vizepräsident für das Kataloggeschäft von Sears und 52 weitere Experten von beiden Seiten des Atlantik werden Toffler darin folgen, die Probleme und Möglichkeiten des Direkt Marketing zu untersuchen, und ihre Erfahrungen, Ideen und Vorstellungen anbieten, um Ihnen zu helfen, erfolgreich zu sein.

Sind Sie durch? Bravo. Wissen Sie auch noch, was am Anfang des Satzes stand? Und haben Sie alles begriffen? In zwei Sätzen, etwas veränderter Anordnung und um einige Überflüssigkeiten gekürzt, liest sich's einfacher:

* Alvin Toffler wird Ihnen mit seinen Analysen, Erfahrungen und Ideen helfen, erfolgreich zu sein. 54 weitere Experten von beiden Seiten des Atlantik werden ihm darin folgen: So der bekannte Fernsehkommentator Pierre Salinger und Jack Kelly, Vizepräsident für das Kataloggeschäft von Sears.

D 1.2. Hauptsache nach vorn

Schachtelsätze entstehen fast immer, wenn zu viele Gedanken in einen Satz gepackt werden. Aber auch durch „Vorreiter", die die Hauptsache in den Nebensatz drängen.

Diese Vorreiter sind Verlegenheitsfloskeln, die eigentlich nichts aussagen, sondern dem Schreiber gewissermaßen Zeit zum Nachdenken geben. Sehr beliebt sind zum Beispiel:

* Wir dürfen Sie darauf hinweisen, daß...
* Wir wären Ihnen dankbar, wenn...
* Haben Sie schon einmal überlegt, ob...

Daß, wenn und ob zeigen oft Vorreiter an. Die können Sie fast immer ersatzlos streichen. Der Satz gewinnt an Klarheit und Aussagekraft:

* Die Tatsache, daß XY bis 20% Energie spart, ist durch den TÜV Bayern einwandfrei nachgewiesen worden.
* Wir würden uns freuen, wenn wir bald mit Ihrer Antwort rechnen dürften.
* Haben Sie schon daran gedacht, daß das Öl, das Ihre Heizung verbraucht, nur zu einem geringen Teil in Wärme umgewandelt wird, wenn die Anlage nicht regelmäßig gewartet wird?

Probieren wir's besser zu machen, nehmen wir die Hauptsache nach vorn:

* XY spart bis 20% Energie – das hat der TÜV Bayern nachgewiesen. (Noch besser: in 2 Sätzen sagen.)
* Wir freuen uns auf Ihre Antwort! (Oder: Dürfen wir bald mit Ihrer Antwort rechnen?)
* Ihre Heizung macht nur einen geringen Teil des Öls zu Wärme, wenn sie nicht regelmäßig gewartet wird.

D

D 1.3. Keine Einschübe

Auch Einschübe führen zu komplizierten Sätzen. Meistens stehen sie zwischen Kommas:

* Das Management-Seminar, das im November in London stattfindet, wird mit einem richtungsweisenden Vortrag von Prof. Balderman, der darin die Marktentwicklung bis zur Jahrtausendwende prognostiziert, eröffnet.

* Ich bin überzeugt, daß auch Ihnen dieser Wein, der uns genau so begeistert hat wie Chefkoch L., vortrefflich munden wird.

Genau so schlecht sind die nicht durch Satzzeichen abgetrennten Einschübe. Es sind meist verkürzte Nebensätze:

* Da die Anzahl der mir zur Verfügung stehenden ganzen Lose begrenzt ist, habe ich für Sie persönlich „Ein Ganzes Los" der 1. Klasse mit der Nummer 323 857 freibleibend reserviert.

(„der mir zur Verfügung stehenden" ist ein verkürzter Nebensatz im Nebensatz)

* Wir hoffen, daß die Ihnen kürzlich übersandte Broschüre Ihr Interesse gefunden hat.

Wenn schon, dann liest sich ein Einschub noch am besten, wenn er mit Gedankenstrichen oder Klammern abgetrennt ist:

* In diesem Prachtsommer – dem heißesten seit 1968! – ist ein Wein mit unglaublicher Aromafülle gewachsen.

* Diese herrliche Kollektion (sehen Sie dazu die Abbildungen im Prospekt) können wir Ihnen nur kurze Zeit anbieten.

Bei diesen Formen bleibt der Einschub übersichtlich. Er wird sogar – und das ist hier Absicht – besonders betont. In der Regel ist es aber besser, Einschübe zu vermeiden.

D 1.4. Satzlänge: 10 Wörter – 20 Silben

Ein leicht verständlicher Satz sollte im Durchschnitt etwa 10 Wörter haben. Sie finden in diesem Text viele solche Sätze. Wesentlich längere Sätze (Bandwurmsätze) sind genau so schlecht wie lauter sehr kurze. Also kein Telegrammstil:

* „Kommen Sie jetzt. Zum Ausverkauf. Ab 25. Januar. Tolle Gelegenheiten. Für Sie!"

15 Wörter pro Satz sollten die Obergrenze sein! Teilen Sie längere Sätze in mehrere kürzere; machen Sie aus Nebensätzen selbständige Hauptsätze.

Auch für die Zahl der Silben gibt es eine Obergrenze: 30 Silben pro Satz sind erlaubt, im Durchschnitt 20. Daraus ergeben sich im Schnitt zweisilbige Wörter. (Wir kommen noch darauf zurück.) Die Beschränkung der Silbenzahl zeigt, daß ein Satz mit langen Wörtern schneller „voll“ ist als mit kurzen.

D

D 2. Verwenden Sie kurze Wörter

Wie sollen Sätze und ganze Briefe leicht verständlich sein, wenn schon ihre Bausteine – die Wörter – kompliziert sind? Bemühen wir uns um einfache, kurze Wörter.

Oft kommen überlange Wortungetüme wie schwerfällige Saurier daher. Imponiergeste? Als solche hätten die ellenlangen Wortschöpfungen ihren Zweck verfehlt. Sie flößen dem Leser keine Ehrfurcht ein, sondern Ablehnung. Schon ein schwer lesbares Wort sagt ihm: Achtung – Lesen macht Mühe! ...und er bricht den Kontakt ab.

Am besten, Sie setzen die Wortsaurier gar nicht in die Welt. Dann brauchen Sie sie später nicht zu schlachten.

D 2.1. Vermeiden Sie zusammengesetzte Hauptwörter.

Sie können sie trennen –

beispielsweise:	statt:
* Überlegungen zur Wirtschaftlichkeit	Wirtschaftlichkeitsüberlegungen
* Ziel Ihres Unternehmens	Ihre Unternehmenszielsetzung
* helfen Ihnen bei der Entscheidung	bei der Entscheidungsfindung behilflich
* Informations-Abruf	Informationsabrufkarte
* Fuhrpark-Bereich	Fuhrparkbereich
* Zielgruppen-Profile	Zielgruppenprofile

Die Teilung mit Bindestrich ist nicht immer duden- konform, aber leichtes Lesen sollte Vorrang haben. Was ist zum Beispiel ein Urinsekt? (Gemeint war ein Insekt der Urzeit, nicht etwa...)

Verfallen Sie aber auch nicht dem Trennungs-Wahn, der Wörter wie Tages-Presse produziert.

D 2.2 Vereinfachen Sie Wörter –

beispielsweise:	statt
* Antwort	Rückantwort
* Versand	Versandabwicklung
* Leistung	Leistungsstärke
* Rabatt, Nachlaß	Preisreduktion
* Treffen	Zusammenkunft
* Diskussion	Auseinandersetzung

D 2.3. Drücken Sie sich anders aus –

beispielsweise:	statt:
* Wir versenden alles...	Wir übernehmen die komplette Versandabwicklung
* ist unbedenklich nach dem Lebensmittelrecht	„...lebensmittelrechtliche Unbedenklichkeitsbescheinigung..."
* wie günstig wir versenden	wie preiswert unsere Versanddienstleistungen sind
* erfüllt vielfältige (An)Forderungen	erfüllt ein differenziertes Anforderungsprofil

Das gilt nicht nur für Hauptwörter. Schreiben Sie

beispielsweise:	statt:
* so	folgendermaßen
* oft	des öfteren
* nur	lediglich
* ordnen	klassifizieren
* schicken	übersenden
* (ver)hindern	entgegenstehen
* paßt nicht (zusammen)	kann nicht zusammenpassen
* Sie sparen	kostenmäßig sparen Sie

D 2.4. Kurz ist: 2 Silben pro Wort

Natürlich nicht unbedingt in jedem Wort, aber im Durchschnitt. Diesen Durchschnitt sollten Sie besser pro Satz als im ganzen Text ermitteln. Zählen Sie die Silben in einem Satz und teilen Sie durch die Zahl der Wörter:

Silben : Wörter = kleiner als 2

Wenn die Indexzahl größer als 2 ist, sollte die innere Alarmglocke schrillen. Prüfen Sie, ob Sie weiter vereinfachen können!

D 3. Kurze Absätze

Als Faustregel für den Inhalt gilt: Nicht mehr als ein Gedankengang pro Absatz. Wenn die Geistesblitze ohne Pause zucken, erschrickt der Leser!

Andererseits ist es auch ermüdend, wenn ein Gedankengang in ein halbes Dutzend Ein-Satz-Abschnitte zerhackt wird. (Einen besonders wichtigen Satz können Sie natürlich durch Alleinstellung herausheben.) Führen Sie also einen Gedanken möglichst auch in einem Absatz zu Ende.

Auch für den Textumfang gibt es Erfahrungswerte. Ein Absatz sollte normalerweise nicht mehr als 6 Zeilen zu je 60 Anschlägen haben, eher weniger. Ist er länger, muß er schon sehr spannend sein, damit der Leser dabei bleibt.

Länge Absatz: max. 6 Zeilen à 60 Anschläge

Längere Absätze signalisieren dem überfliegenden Auge: Vorsicht – langatmig, langweilig, schwer zu lesen. Die Zahl der Buchstaben pro Zeile nimmt das Auge nicht so gut wahr. Ein Absatz mit 5 Zeilen à 50 Buchstaben wird praktisch genau so lang eingeschätzt wie einer mit 70 Buchstaben je Zeile, der 40% mehr Text enthält. Sie dürfen also nicht nach der Buchstabenmenge gehen und mehr in den Absatz quetschen, wenn Sie eine große Schrift und/oder kurze Zeilen verwenden.

Vergleichen Sie dazu beispielsweise die Briefe I 7 und I 10.

D 4. Schreiben Sie bildhaft

„Ein Bild sagt mehr als tausend Worte“, weiß der Volksmund. Das stimmt zwar nicht immer – sehen Sie mal in einen Versandhauskatalog, wie vielsagend die Worte sind.

Doch eines ist richtig: Wörter sind ziemlich abstrakte „Bilder“ und deshalb grundsätzlich weniger anschaulich als das Original. Schreiben Sie so bildhaft wie möglich – um so mehr nähern Sie sich dem Original.

Seien Sie also in jeder Zeile um Lebendigkeit und bildhafte Beschreibung besorgt... Das ist ein schlechtes Beispiel. Ich sag's Ihnen lieber mit einem Satz von Klaus Prochazka:

* Schreiben Sie so, daß jede Zeile rote Bäckchen hat...

Ein Satz zum Verlieben! Gesund und natürlich wie Landluft. Die roten Bäckchen sprühen vor Lebenslust. Sie lassen auch den Eifer durchblitzen, den der Schreiber empfunden haben muß. Sie wecken Sympathie, sie kramen Erinnerungen aus dem Gedächtnis und verankern den Satz daran.

D 4.1. Vergleiche

Der Satz mit den roten Bäckchen zeigt Ihnen, worauf es ankommt: Daß Sie mit Ihren Wörtern im Hirn des Lesers konkrete Bilder erzeugen. Bilder, die ihm automatisch in den Sinn kommen, weil sie ihm vertraut sind. Deshalb sind solche Bilder oft Vergleiche – mit der Natur oder mit der Gedankenwelt des Lesers.

Diese bildhaften Sätze enthalten Vergleiche, oft im übertragenen Sinne:

* Für'n Appel und 'n Ei...
* Wir lassen Sie nicht im Regen stehn...

* so einfach wie das Rechnen mit fünf Fingern
* Ein Kleid wie der Frühling selbst...
* Das ist kinderleicht:
* Da werden Ihre Ohren Augen machen!
* ...verdienen Sie sich die Butter aufs Brot...
* Der Briefkasten an der Ecke hat noch geöffnet...
* Wie die Perle in der Muschel...
* Drogen für Wohnsüchtige
* Traumhafte Betten
* Fühlen Sie sich unter Freunden
* Schönheit und Nutzen haben sich verheiratet...
* Die Zinsen sind auf Talfahrt

D

D 4.2. Bildhafte Eigenschaftswörter

Auch in vielen bildhaften Eigenschaftswörtern stecken Vergleiche – etwa:

* pudelnaß, katzenfreundlich, aprilfrisch, knallrot, nachtschwarz, todtraurig, schußfest, immergrün...

Durch Vergleichen nähern wir uns bildhaften Eigenschaftswörtern, die das Produkt oder seinen Nutzen teffend beschreiben. Zum Beispiel kann „glatt" vieles bedeuten:

* glatt wie Samt
* glatt wie ein Pfirsich
* glatt wie Lack
* glatt wie polierter Marmor
* glatt wie ein Spiegel
* glatt wie ein Kiesel
* glatt wie die Wand...

Jedes „glatt" hat eine etwas andere Bedeutung, bezeichnet etwas andere Eigenschaften. Ein Gesicht mag pfirsich-, samt- oder auch marmorglatt sein – aber nie wie Lack oder ein Kiesel. Der glatte Kiesel wiederum ist in unserer Vorstellung viel rauher als Marmor. Und mit Marmor würde man nie eine Eisfläche vergleichen. „Glatt“ allein dagegen sagt uns... gar nichts. Wir lesen darüber hinweg, weil kein Bild in uns entsteht.

Das waren erst Variationen *eines* Wortes. In meinem Synonoym-Wörterbuch (A. M. Texter: Sag es treffend) finde ich nicht weniger als 72 Wörter, die „glatt“ ersetzen können – je nach Bedeutung z.B.:

* flach, eben, gerade, platt, gewalzt, waagrecht;
* blank, blinkend, strahlend, schimmernd, spiegelnd, glänzend, lakkiert, geschliffen, glasiert, rein;
* faltenlos, wie angegossen, prall, haarlos;
* quitt, ausgeglichen, erledigt, bezahlt, getilgt;
* angenehm, reibungslos, ungehindert, wie geschmiert;
* glitschig, rutschig, ölig, schleimig, schmierig...

D 4.3. Keine Inflation guter Eigenschaften

Eigenschaftswörter sind wie Gewürze vorsichtig zu handhaben: Einerseits geben sie dem Text Geschmack, andererseits können sie den Appetit am Lesen verderben. Sie müssen also nicht nur die richtigen Gewürze nehmen, sondern auch die richtige Menge.

Da wird gern des Guten zuviel getan. Um eine Sache nur recht genau zu beschreiben, häufen manche Schreiber Adjektiv auf Adjektiv. Lesen Sie selbst, ob das noch überzeugt:

* Wir empfehlen Ihnen dringend, das neuerschienene vierbändige Werk zur kostenlosen und unverbindlichen Ansicht anzufordern.
* ...die Frage nach einer modernen, vielseitigen und bedarfsgerecht aufbereiteten Auswahl...
* ...wirtschaftlich effektive Lösungen...

* Der beiliegende Vierfarbprospekt zeigt Ihnen die außerordentlich günstige, platzsparende Unterbringung dieses unhandlichen und doch so notwendigen Teils.

Weniger wäre mehr gewesen, finden Sie nicht? Ersticken Sie die Hauptwörter nicht mit allzu vielen Eigenschaftswörtern. Und achten Sie auch darauf, daß der Text insgesamt nicht zu viele Adjektive enthält. Manches treffende Substantiv kann darauf verzichten – manche Adjektive sind schlicht überflüssig:

* schwierige Probleme (Probleme sind immer schwierig)
* verbliebene Restmengen (klar, daß die verblieben sind)
* verbindliche Gesetze (gibt's auch unverbindliche?)

D 5. Umgang mit Zeitwörtern

Zeitwörter sind für die Verständigung ungeheuer wichtig. Versuchen Sie mal, eine ganz einfache Tätigkeit wie „Ich bringe den Kaffee" ohne Worte auszudrücken... Für die Hauptwörter können Sie auf den Gegenstand zeigen – aber die Tätigkeit? Wer keine Fremdsprachen kann, mag sich mit Händen und Füßen „unterhalten" – bei den Zeitwörtern bekommt er Schwierigkeiten.

D 5.1. Verben nach vorn

Zeitwörter geben dem Text „action" – im ursprünglichen Sinn. Deshalb sind sie so wichtig. Und deshalb gehören Verben an den Satzanfang. Dort wirken sie besonders aktiv. Denn der Leser erwartet das Wichtige zu Beginn des Satzes. Am Ende ist seine Aufmerksamkeit schon erlahmt.

Vergleichen Sie doch selbst diese Sätze:

* Ergreifen Sie die Gelegenheit, 20% zu sparen... (Verb durch „Vorreiter" nach hinten gedrückt)
* Wollen Sie 20% sparen... (Verb durch Hilfsverb nach hinten gedrückt)
* Jetzt sparen Sie 20%... (Verb an 2. Stelle)
* Sparen Sie 20%! (Verb an 1. Stelle)

Erkennen Sie die Steigerung der Dynamik? Je weiter vorn das Verb steht, desto klarer die Aussage.

D 5.2. Aktiv statt Passiv

Im Brief kommt die passive Wendung relativ selten vor. Nur wenn der Schreiber einen unpersönlichen „Berichtstil" gewohnt ist, bricht zuweilen das Passiv durch,

etwa:	statt:
* Es wird darum gebeten...	Bitte...
* In dem Werk wird beschrieben	Das Werk beschreibt...
* ...sind folgende Funktionen integriert...	integriert/vereint folgende Funktionen...
* ...wurde von Fachleuten ausgewählt	Fachleute haben ... ausgewählt

Oder aber, wenn eine Formulierung im SIE-Stil nicht so recht geglückt ist – etwa: statt:

* Sie werden freundlich gebeten...	Wir bitten freundlich.. (Bitte...)

Die in Klammer gesetzte Formulierung, die „Bitte“ vorwegnimmt und im Sie-Stil fortfährt, ist auf jeden Fall den beiden anderen Bitten vorzuziehen.

Besonders Hauptwörter mit der Endung -ung drücken oft die Passivform eines Verbs aus. Schreiben Sie

statt passiv:	besser aktiv:
* zur Ausführung bringen	ausführen
* die Belieferung vornehmen	liefern
* zur Erledigung bringen	erledigen, ausführen
* zur Anwendung kommen	anwenden
* eine Beratung durchführen	beraten
* eine Leistung erbringen	leisten
* Wir bitten um Prüfung	Prüfen Sie bitte

Passivsätze wirken langatmig, sie nehmen dem Text den Schwung – daher vermeiden, wenn's geht.

D 5.3. Vorsicht bei Partizipien

Es ist vor allem das Mittelwort der Vergangenheit, das in Briefen sein Unwesen treibt. Es macht den Stil hölzern und umständlich, obwohl es oft zur Vereinfachung benutzt wird: Aus „die Reservierung, die für Sie vorgemerkt wurde" wird „Ihre vorgemerkte Reservierung".

Wenn Ihnen beides nicht gefällt, haben Sie ganz recht: Meistens sind diese Wendungen ganz entbehrlich. Eine Reservierung ist schließlich immer vorgemerkt. Ähnlich steht's mit

* dem geschlossenen Vertrag
* der beigefügten Antwortkarte
* der gewünschten Auskunft
* den erwähnten Unterlagen

– das Partizip trägt nichts zum Verständnis bei. Also: Weglassen – oder die Partizipial-Konstruktion in ein Tätigkeitswort umwandeln, beispielsweise

statt:	besser:
* Ihre vorgemerkte Reservierung	Wir haben für Sie vorgemerkt Wir haben für Sie reserviert
* Wir bitten um Einsendung der beigefügten Antwortkarte	Bitte antworten sie bald – die Karte liegt bei

Mitunter wird das eigentliche Verb durch eine Partizipial-Konstruktion ersetzt. Das erspart zwar einen Nebensatz, drängt aber die eigentliche Aussage in die Nebenrolle. Sätze mit Verben sind immer aktiver und anschaulicher. Überzeugen Sie sich selbst:

* Er kam ihnen lachend entgegen (Hauptsache: er kommt entgegen	Er lachte als er ihnen entgegenkam (das Lachen wird betont)
* Für Ihre Anfrage dankend, senden wir Ihnen... (der Dank wird zur Nebensache)	Herzlichen Dank für Ihre Anfrage. Sie erhalten... (Dank steht im Vordergrund)
* Mit marktabdeckenden Aktivitäten erschließen Sie... (umständlich, geschwollen)	Erschließen Sie den gesamten Markt mit... (Einfach, klar)
* Bezugnehmend auf Ihre Anfrage, teilen wir Ihnen mit... (Beamtendeutsch)	Für diesen Teilsatz gibt es keine Verbesserung – er ist überflüssig.

D

Partizipien sind kein „Stilfehler". Manchmal müssen sie sein. Aber öfter verschlimmbessern sie einen Satz, machen ihn hölzern und phrasenhaft. Manchmal hört man im Hintergrund den Amtsschimmel wiehern – und der hat in Ihren Werbebriefen nichts zu suchen.

D 5.4 Hilfs- und Modalverben sparsam verwenden

Manchmal sind Hilfsverben nötig, um eine bestimmte Form des Verbs zu bilden. Zum Beispiel: Sie haben gelesen...

Häufig sind Modalverben unnötig. Der Schreiber möchte sein Anliegen nicht direkt vorbringen und drückt sich erst noch ein bißchen drum herum. Das liest sich dann etwa so:

* Wir möchten Ihnen jegliche Mühe ersparen...
* Wir können Ihnen erstklassigen Service garantieren...
* Wir dürfen Ihnen schon heute termingerechte Lieferung zusichern...
* Dürfen wir Sie herzlich darum bitten...
* Gern möchten wir Ihnen entgegenkommen...

„Dann kommen Sie Ihren Kunden doch entgegen!“ möchte man sagen. Und so sollten Sie auch schreiben: klipp und klar, ohne „helfendes“ Modalverb:

* Wir ersparen Ihnen jegliche Mühe.
* Genießen Sie den erstklassigen Service.
* Wir garantieren pünktliche Lieferung.
* Bitte...
* Gern kommen wir Ihnen entgegen.

Hilfsverben drücken das „starke” Verb an das Satzende – die Satzaussage verschwimmt.

Hilfs- und Modalverben begünstigen außerdem langatmige Vorreiter und Passiv-Konstruktionen. Also: Vorsicht mit müssen, möchten, dürfen, sollen & Co.

D 6. Hauptwörter ersetzen und streichen

Hauptwörter ersetzen? Ja, geht das denn? Es geht. Zwar kann man ein Ding nicht anders als mit seinem Namen nennen (daher auch „Dingwort"). Aber viele Leute haben sich angewöhnt, „Tunwörter" durch Dingwörter zu ersetzen. Sie schreiben (sagen tun sie's komischerweise nicht!)

beispielsweise:	statt:
* zum Versand bringen	senden, schicken
* Antwort zukommen lassen	antworten
* in Abzug bringen	abziehen
* die Anmeldung übermitteln	anmelden
* in Arbeit befindlich	wird bearbeitet
* die Rechnungstellung erfolgt	wird berechnet

Solchen Substantiv-Wendungen sind meist passive Formen eines Verbs, oft aber auch „Streckformen" eines Adverbs:

* mit Entschiedenheit feststellen	entschieden feststellen

... die den Satz künstlich aufblasen, um Eindruck zu schinden. Es sind vor allem Wörter mit der Endung -ung, die auf Streckformen hinweisen. Aber auch Wörter auf -heit oder -keit sind oft in ähnlichen Konstruktionen zu finden. Vermeiden Sie diese Wörter, wo immer Sie können!

Ein Text mit vielen Hauptwörtern wirkt wuchtig, klotzig, unpersönlich. Bezeichnen Sie also nur die Dinge mit Substantiven – aber Tätigkeiten mit Verben und Eigenschaften mit Adjektiven. So kommt Dynamik in den Brief.

D 7. Schreiben Sie im SIE-Stil

Nicht nur, weil die ständige Wiederholung der Wörter WIR und UNS und UNSER so aufdringlich nach Weihrauch riecht – diese Wörter spiegeln auch eine ganz bestimmte Denkweise: Egozentrik. Was WIR sind und tun, steht im Mittelpunkt. WIR denken immer von UNSERER Warte aus:

* Wir gewähren Ihnen 3% Skonto...
* Wir bedanken uns für Ihr Interesse...
* Wir haben ein neues Gerät konstruiert...
* Wir erwarten Ihren Besuch...
* Wir von XY wissen...
* Wir informieren Sie...
* Wir zeigen Ihnen, wie...
* Wir haben uns mächtig ins Zeug gelegt...
* Wir möchten Sie darauf aufmerksam machen...
* Unser Service wird Sie begeistern...
* Unser Herr XY berät Sie gern...
* Unsere neue Kollektion steht zu Ihrer Verfügung...
  ... und am besten:
* WIR über UNS

Stellen wir doch nicht uns selbst, sondern den Leser in den Mittelpunkt. Dann wird er spüren, daß er wirklich „König Kunde" für uns ist – oder mindestens Partner. Die typischen WIR-Sätze können Sie ganz einfach vom Standpunkt des Lesers aus formuliern:

* Gern bekommen Sie 3% Skonto...
  (Ziehen Sie 3% Skonto ab...)
* Vielen Dank für Ihr Interesse...
  (Ihr Interesse freut uns sehr...)
* Kommen Sie doch mal vorbei...
* Sehen Sie selbst, wie...
* Genießen Sie den guten Service...
* Fordern Sie die neue Kollektion an...

und so weiter. Viele WIR-Sätze sind übrigens entbehrlich. Oft reicht es schon, WIR oder UNSER zu streichen, z.B.

* Herr XY berät Sie gern...

Der WIR-Stil verhindert, daß Sie Ihr Angebot mit den Augen des Kunden sehen und ihm die Vorteile richtig erklären. Das gelingt ganz automatisch, wenn SIE und IHR im Vordergrund stehen.

Sie brauchen aber nicht jedes WIR und UNS peinlich zu vermeiden. Wenn das SIE dominiert, sorgt ein Satz wie

* Wir danken herzlich für...
* Wir garantieren Ihnen...
* Ich schlage Ihnen vor...

für wünschenswerte Abwechslung und läßt den Text natürlich klingen.

Überhaupt klingt „ich" ganz anders als das majestätische WIR: bescheidener, persönlicher. Das „ich" zeigt dem Leser seinen Dialogpartner – WIR ist anonym. Schon wenn man überall „Ich" und „mein" statt WIR und UNSER verwendet, klingt der Text viel freundlicher. Und manche hohle Wendung wird entlarvt. Könnten Sie sich vorstellen, zu schreiben: ICH gewähre Ihnen 3% Skonto...?

Der Ich-Stil ist schon besser als der Wir-Stil; am besten aber, Sie stellen das SIE in den Vordergrund.

D 8. Superlative

In einer Zeit, die jede Banalität als „super" bezeichnet, hat der Superlativ seinen Wert verloren. Nicht einmal unter jungen Leuten ist „super" etwas Besonderes – kein Wunder bei der Super-Inflation.

Superlative sind nicht glaubwürdig. Das Größte, Beste, Schönste, Weißeste, Phantastischste, Stärkste... Sparen Sie sich die Mühe, es glaubt Ihnen doch keiner. Nur wenn Sie der billige Jakob sind, dürfen Sie sich diese Sprache erlauben. Auch dann glaubt Ihnen keiner, aber die Leute haben wenigstens was zu lachen.

Wenn Sie sich nicht lächerlich machen wollen, wenn Sie um Vertrauen werben – dann meiden Sie den Superlativ.

Das gilt auch für relative Superlative: hervorragende Güte, phantastisch preiswert, unwiderstehlich schön, eines der Besten im Lande, unvergleichlich komfortabel... Aber da dürfen Sie schon mal eine Ausnahme machen. Sie sollte durch eine wirklich herausragende Eigenschaft (Beweis!) gerechtfertigt sein. Nicht zuletzt hängt die Glaubwürdigkeit auch davon ab, wer's sagt... Einer Firma mit großem Marktanteil nimmt man eher ab, daß sie „die besten Rohstoffquellen der Welt" nutzt, als einem ganz kleinen und unbekannten Hersteller.

Ein Tip noch: Je bildhafter Sie schreiben – siehe D 4. und D 5. – , desto weniger haben Sie Superlative nötig.

Und noch ein Wort zum Selbstlob. „Eigenlob stinkt", sagt der Volksmund, und „Wer angibt, hat's nötig". Dem ist nichts hinzuzufügen.

D 9. Sinn und Unsinn der Fremd- und Fachwörter

Keine Sorge. Meine Empfehlung „raus mit Fremd- und Fachwörtern" bedeutet nicht, daß Sie künftig „Viertopfzerknalltreibling" zum Vierzylindermotor sagen sollen.

Dieses Beispiel zeigt, worauf es ankommt: Aufs Verstehen. Besser: Aufs mühelose Verstehen. Denn der Leser will nicht auch noch Mühe aufwenden, um Ihre Werbebotschaft zu entziffern.

Es gibt durchaus Fremd- und Fachwörter, die leichter verstanden werden als ihre deutschen Gegenstücke. Es kommt aber nicht nur aufs Verstehen-Können, sondern auch aufs Verstehen-Wollen an.

Dabei dürfen Sie nicht Ihren Maßstab anlegen: Sie verstehen z.B. „postindustriell" oder „Kompatibilitätscheck". Treffen Sie aber in irgendeinem Werbebrief auf diese Wörter, sind Sie der Mühe des „Übersetzens" bald überdrüssig. Der Leser sieht Ihren Brief mit anderen Augen; er wendet weniger Energie und Konzentration fürs Lesen auf. Ein Wort, das sein Gehirn nicht sofort erfaßt, sendet NEIN- Signale: Leg den Brief weg!

Die Schwelle dafür liegt sehr niedrig. Sie hängt teilweise von der Zielgruppe ab. Siegfried Vögele*) nennt folgende Anhaltspunkte für das Sprachniveau:

* bei Angeboten an Privathaushalte bringt das Sprachniveau eines Zwölfjährigen die beste Reaktion;
* bei Angeboten an bestimmte Berufsgruppen, die Sie am Arbeitsplatz ansprechen, das Sprachniveau eines Lehrlings im 1. oder 2. Lehrjahr;
* bei Leuten mit hohem Bildungsgrad, z.B. Akademikern, wird die beste Reaktion mit dem Sprachniveau eines 18jährigen Gymnasiasten (noch vor dem Abitur) erreicht.

---

*) Siegfried Vögele: Dialogmethode – Das Verkaufsgespräch per Brief und Antwortkarte

Wenn Ihre Adressengruppe Personen mit unterschiedlichem Bildungsgrad umfaßt (und das ist oft gar nicht zu vermeiden), müssen Sie im Sprachniveau den kleinsten gemeinsamen Nenner suchen. Was der Arbeiter versteht, versteht auch der Herr Professor... umgekehrt nicht.

Wohlgemerkt: *Sprachniveau* bezeichnet den Formenreichtum, die Differenziertheit der Sprache. Es bedeutet *nicht,* daß Sie die *Umgangssprache* z.B. eines Zwölfjährigen benutzen sollten!

Fremd- und Fachwörter werden oft nur deshalb gebraucht, weil der Schreiber durch seine Brille sieht. Oder sogar, um dem Leser zu imponieren. Doch der will sich als „König Kunde" fühlen, nicht aber als Hilfsschüler vor dem Herrn Oberlehrer.

Versuchen Sie also für alle Fremd- oder Fachwörter deutsche, möglichst einfache Ersatzwörter zu finden. Stellen Sie eventuell den Satz um. Betrachten Sie nicht nur Hauptwörter, sondern auch Eigenschafts- und Zeitwörter. Wählen Sie dann die eingängigsten Wörter.

D 10. Überzeugende Sätze selektieren

Kürze fördert das Verständnis. Wir haben lange Wörter, lange Sätze, lange Abschnitte verkürzt. Kriterium aber war bisher die Form – nicht der Inhalt.

Es fordert eine geschulte Beobachtungsgabe und viel Selbstkritik, in einem eigenen Text schlechte Sätze zu erkennen. Aber jeder lobt sich gern, und deshalb geht's andersherum besser: Finden Sie Ihre guten, die überzeugenden Sätze heraus. Fragen Sie ruhig auch Außenstehende (die brauchen ja nicht zu wissen, daß der Entwurf von Ihnen stammt).

Markieren Sie alle guten Sätze – oder Teilsätze – mit einem grünen Schreiber. Also alle Passagen, wo Ihr Gefühl sagt: Das ist gut – das überzeugt mich.

Den „großen Rest" der nicht markierten Sätze prüfen Sie nach einem Vier-Punkte-Programm:

* Enthält der Satz einen Vorteil für den Leser?

* Oder erzählt er ihm etwas Neues?

* Oder steht etwas drin, was zum Verständnis eines grün markierten Satzes oder eines Vorteils notwendig ist?

* Oder ist dieser Satz notwendig, um den Leser in die richtige Atmosphäre zu versetzen?

Wenn nichts von alledem zutrifft – wozu ist der Satz dann nütze? Streichen Sie ihn. Sie vergeuden nur Geld, wenn Sie ihn drucken.

Vielleicht ist auch nur ein Satzteil nutzlos. Sein Verschwinden wird dem restlichen Satz guttun. Oder es kommt Ihnen eine Idee zum Verbessern: Vielleicht können Sie einen gut formulierten, aber inhaltsarmen Satz durch ein Vorteilsversprechen oder einen Beweis überzeugender gestalten.

D

Zum Schluß prüfen Sie nochmals den ganzen Text, ob jede Silbe, jedes Wort, jeder Satzteil, jeder Satz notwendig oder ein „Füller" ist. Auch wenn Sie beim Schreiben schon darauf geachtet haben – mit etwas Abstand bemerken Sie noch manches Überflüssige. Beispielsweise (Überflüssiges in Klammern):

* Finanzielle Vorsorge ist heute (für jeden von uns) wichtiger denn je.
* Es handelt sich (konkret) um...
* Ich werde Sie (telefonisch) ansprechen, um mit Ihnen ein (Informations-) Gespräch zu vereinbaren.
* Wir haben (zwischenzeitlich) (– wie Sie sicher aus der Fachpresse entnommen haben –) ein neues Verfahren entwickelt...

Wenn Sie diese Methode konsequent benutzen, müßte jetzt ein verständlicher, überzeugender Text vor Ihnen liegen.

D 11. Freundlich und ungezwungen... nicht floskelhaft und geschwollen

Das ist leicht gesagt – für manchen aber schwer getan. Viele Menschen haben Schwierigkeiten damit, ganz einfach das zu schreiben, was sie denken. Sie ziehen fast automatisch die Schublade mit dem Kaufmanns- und Beamtendeutsch auf, wenn sie vor einem Blatt Papier sitzen.

Der Brief ist Ihr Stellvertreter. Wie er daherkommt, so schätzt der Leser Sie ein: Steif oder locker, entgegenkommend oder kurz angebunden... Lassen Sie den Brief auf sich wirken. Ist er

D

* spannend – aber nicht marktschreierisch?
* aktiv – aber nicht drängend?
* partnerschaftlich – aber nicht kumpelhaft?
* ungezwungen – aber nicht flapsig?
* freundlich – aber nicht katzbuckelnd?

Statt vieler guter Regeln hier nur ein Tip: Stellen Sie sich vor, Sie schreiben den Brief persönlich an einen guten Freund. Dann müßten Ihnen unpersönliche Floskeln genau so ins Auge springen wie geschwollene Redensarten oder übertriebene Lobhudelei, Bandwurmsätze ebenso wie Telegrammstil.

Hätte der Verfasser den folgenden Brief wohl an einen Freund geschrieben...?

(SIE wurde durch DU ersetzt)

* Lieber Franz!

Wir erlauben uns höflich, Dich über die Neuanschaffung einer ABC-Maschine mit DE-Steuerung und integriertem FG-Werk sowie einer XYZ 3-dimensionalen Meß- und Anreißmaschine zu informieren, die seit neuester Zeit unsere Herstellverfahren erweitern und optimieren.

Mit Hilfe dieser beiden Maschinen, die in unsere bisherige Fertigung integriert wurden, können wir nun den Kundenwünschen kostengünstiger und rationeller entgegenkommen.

Sollten in Deinem Betrieb fertigungstechnische Probleme auftreten, deren Lösung auf unsere Maschinen zugeschnitten sind, wären wir gerne bereit, Dir zu helfen.

Wir erlauben uns, Dich auf den beiliegenden Prospekt hinzuweisen. Wir stellen Dir darin alle ab Lager lieferbaren Profile und Fertigteile vor, für die wir uneingeschränkte Kompetenz besitzen. Damit ist sichergestellt, daß Du immer dann, wenn Du mit unserem Prospekt arbeitest, über einen Partner mit absoluter Professionalität verfügst.

In baldiger Erwartung Deines gefl. Auftrags, für den wir Dir schon heute zuverlässige Erledigung zusagen, grüßen wir Dich

mit vorzüglicher Hochachtung

Egon Bohr
Bohr & Fräs GmbH

Und nun das Gegenbeispiel. Auch hier: SIE durch DU ersetzt. Hätte man auch an einen Freund schreiben können, nicht wahr?

* Lieber Franz,

gestern ist sie angekommen: eine nagelneue ABC-Maschine mit DE-Steuerung und integriertem FG-Werk. Ein technisches Wunderwerk! Auf der ganzen Welt läuft erst ein Dutzend davon.

Schon vor ein paar Wochen haben wir auch eine dreidimensionale Meß- und Anreißmaschine von XYZ aufgestellt. Beide laufen schon auf vollen Touren und zeigen, was sie können.

Und sie können eine Menge, was Dich freuen wird:

– präziser arbeiten: die kompliziertesten Formen mit einer Toleranz von nur 1/10.000 mm!

– rationeller arbeiten: hohe Geschwindigkeit erlaubt (höre und staune) sinkende Preise!

– schneller arbeiten: die lästigen Lieferzeiten sind endlich passé – innerhalb einer Woche bekommst Du jedes gewünschte Teil!

Wenn es noch schneller gehen muß, hilft Dir vielleicht der Prospekt weiter. Du findest darin alle sofort ab Lager lieferbaren Profile und Fertigteile zu Preisen, die zum Vergleichen einladen. Da spürt man eben den modernen Maschinenpark – und 25 Jahre Erfahrung.

Bitte überzeuge Dich selbst und fordere mit der Antwortkarte ein Angebot an. Oder kann ich ein anderes Problem für Dich lösen? Anruf genügt: 099/9999 ist Dein „heißer Draht“ in Sachen Feinwerktechnik.

Mit freundlichen Grüßen

Egon Bohr
Bohr & Fräs GmbH

D

E. Kontrollieren

Zum Schluß prüfen Sie nochmals, ob die wichtigsten Kriterien für einen guten Werbebrief erfüllt sind.

E 1. Ist die Schlagzeile (der 1. Satz) so interessant, daß er zum Weiterlesen zwingt?

E 2. Findet der Leser schon im 1. Absatz einen wesentlichen Vorteil – oder werden seine Kaufmotive angesprochen?

E 3. Werden die „stummen Fragen" des Lesers beantwortet?

E 4. Haben Sie das Sprachniveau nicht zu hoch angesetzt?

E 5. Sind Wörter so kurz wie möglich – im Schnitt nicht mehr als 2 Silben?

E 6. Sind die Sätze kurz und leicht erfaßbar – maximal 15 Wörter und 30 Silben?

E 7. Haben die Absätze nicht mehr als 6 Zeilen à 60 Anschläge?

E 8. Klingt der Brief ehrlich und glaubwürdig?

E 9. Gibt es Beweise für Sachaussagen?

E 10. Geht die Argumentation von der Sicht des Lesers aus?

E 11. Machen Sie dem Leser auch gefühlsmäßig klar, wie begehrenswert der Besitz ist? Und was er verpaßt, wenn er nicht kauft?

E 12. Weiß der Leser genau, was er bekommt?

E 13. Haben Sie ihm die Angst vor Verpflichtungen genommen?

E 14. Erfährt er genau, wie er reagieren soll?

E 15. Bekommt der Leser im PS ein besonderes Bonbon fürs Reagieren – oder wird der wichtigste Vorteil wiederholt?

E 16. Stimmen die Angaben im Brief mit den Aussagen in anderen Werbemitteln überein?

Diese Checkliste liegt dem Buch noch einmal lose bei. So können Sie gleichzeitig die folgenden Erklärungen zu jedem Punkt studieren.

E 1./E 2. Schlagzeile und Einleitung

Ein fesselnder Einstieg ist der halbe Erfolg. An dieser Stelle wird über Weiterlesen oder Wegwerfen entschieden!

Der „Interesse-Wecker“ sollte immer Bezug zum Angebot haben. Keine Aufmerksamkeit um jeden Preis erregen, die mit dem Zweck des Briefes nichts zu tun hat. Am besten: Gleich einen Vorteil versprechen oder ein Problem lösen. Und gleich zur Sache kommen – nicht lange herumreden. (Ausnahme: Ein „Storyletter“ verbreitet erst mal Atmosphäre.)

Ausführliche Hinweise für Schlagzeile und Einleitung siehe B 1. bis B 5.

E 3. Fragen und Einwände beantworten

Wie in jedem persönlichen Gespräch hat Ihr Leser Fragen und Einwände. Auch wenn er sie nicht aussprechen kann - Sie müssen darauf eingehen.

Fragen können entstehen:

* wenn etwas unklar ist: Das darf im Werbebrief nicht passieren. Sie müssen Ihr Angebot, seinen Nutzen, seine Handhabung, seine Bezugsbedingungen genau erläutern. Einzelheiten können auch in einem Prospekt oder auf dem Antwortmittel stehen.

* wenn Bedenken auftauchen: Etwa zum Preis, zur Funktion. Ein guter Verkäufer kennt die Einwände, die immer wieder vorgebracht werden, und die Argumente, mit denen er sie entkräften kann.

* generell zum Nutzen des Angebotes: Diese oft unbewußten Fragen beantworten Sie, indem Sie die Vorteile des Angebotes nennen. Plazieren Sie den wichtigsten Vorteil oben im Brief und einen anderen wichtigen im PS. Weitere Vorteile im Text sollten Sie herausheben.

Der Leser soll beim flüchtigen Überfliegen die Vorzüge des Angebotes in Stichworten kennenlernen!

Weitere Hinweise zum Beantworten von Leserfragen unter B 11.

E 4. Das Sprachniveau

Ihre Leser sind nicht dumm. Aber sie wollen keine Mühe aufwenden, bloß um sich die ungebetene Werbung zu Gemüte zu führen. (Das unterscheidet Werbetexte von einem Buch oder Zeitungsartikel.)

Damit Ihr Text ohne Schlucken „runtergeht", schreiben Sie auf einem sehr einfachen Sprachniveau. Einfaches versteht jeder! Meiden Sie Fremdwörter und komplizierte Ausdrücke. Benutzen Sie eine Fachsprache nur, wenn Sie sich an Kollegen wenden – und bleiben Sie auf Lehrlingsniveau.

Einfach heißt nicht primitiv! Es heißt auch nicht Jargon oder Slang.

Nähere Hinweise zum Sprachniveau finden Sie unter D 9.

E 5. Kurze Wörter

Im Durchschnitt sollten die Wörter Ihres Briefes nicht mehr als 2 Silben haben. Das macht sie leicht lesbar. Ein schwer lesbares, langes Wort braucht also zum Ausgleich mehrere kurze, mühelos lesbare.

Lange Wörter können Sie

* teilen: Zielgruppen-Profile statt Zielgruppenprofile, Anforderungen des Marktes statt Marktanforderungen

* kürzen: Antwort statt Rückantwort, Versand statt Versandabwicklung

* anders ausdrücken: vielfältige Forderungen statt differenziertes Anforderungsprofil, Spielregeln statt Teilnahmevereinbarungen, nur statt lediglich, hindern statt entgegenstehen

Weitere Beispiele für Wortkürzungen siehe D 2.

E 6. Kurze Sätze

Die Sätze Ihres Briefes sollten im Durchschnitt etwa 10 Wörter oder 20 Silben haben. Höchstens aber 15 Wörter oder 30 Silben.

* Drücken Sie in jedem Satz nur einen Gedanken aus.

* Das Wichtigste muß vorn im Satz stehen.

* Teilen Sie lange Sätze in mehrere Hauptsätze.

* Vermeiden Sie Schachtel-Konstruktionen und mehrere Nebensätze.

* Vermeiden Sie „Vorreiter" und Einschübe.

Vermeiden Sie aber auch einen Telegrammstil mit lauter ultrakurzen oder unvollständigen Sätzen. Die Abwechslung von kürzeren und längeren Sätzen gibt dem Text Charakter. Wechseln Sie auch mal mit den Satzzeichen: Ein Doppelpunkt trennt und verbindet zugleich, ebenso Gedankenstriche (die das Eingeschlossene hervorheben) oder Klammern (die deutlicher gliedern als Kommas).

Weitere Beispiele und Hinweise unter D 1.

E

E 7. Kurze Absätze

Auf den ersten Blick schließt der Leser aus der Länge der Absätze, ob der Text lesefreundlich ist oder nicht – noch bevor er kurze Sätze oder Wörter erkennt. Sagen Sie ihm mit kurzen Absätzen: Dieser Brief liest sich leicht.

Setzen Sie Abschnitte dort, wo Sie einen Gedanken zu Ende geführt haben. Längere Gedankengänge können Sie auf zwei Absätze verteilen. Leiten Sie den 2. Absatz mit einer Formulierung ein, die den Anschluß herstellt.

Kurze Absätze sind höchstens 6 Zeilen lang. Die Zeile sollte nicht mehr als 60 Anschläge haben.

Etwas mehr über die Länge der Absätze unter D 3.

E 8. Ehrlich und glaubwürdig

Daß Sie die Vorzüge Ihres Angebotes ehrlich bechreiben, setze ich voraus. Aber Glaubwürdigkeit ist etwas anderes: Eine ehrliche Darstellung kann unglaubwürdig wirken – und eine erlogene glaubwürdig klingen.

So erreichen Sie eine glaubwürdige Darstellung:

* indem Sie aus der Sicht des Lesers argumentieren
  (siehe C 5., C 6. und D 7.)
* indem Sie Leserfragen vorwegnehmen
  (siehe B 11.)
* durch Vergleiche mit bekannten Tatsachen
  (siehe C 4. und D 4.1.)
* mit konkreten Angaben und exakten Zahlen
  (siehe C 3.)
* durch Aussagen Dritter: (Tests, Berichte, Kundenurteile siehe C 2.)
* durch Verzicht auf Superlative und Selbstlob
  (siehe D 8.)
* mit einem Test-Angebot oder Rückgaberecht
  (siehe C 11.)

E 9. Beweise für Sachaussagen

Behauptet ist noch längst nicht bewiesen. Versuchen Sie, zumindest einen wichtigen Vorteil zu beweisen

* durch ein Kundenurteil,

* durch ein Zitat (Testbericht, Zeitungsartikel),

* durch technische Daten.

Wenn Sie nur einen Beweis liefern, werden auch Ihre übrigen Behauptungen glaubwürdiger. Im Brief genügt ein sehr kurzes Zitat. Auf anderen Werbemitteln können Sie mehr und umfangreichere Beweise antreten. Weisen Sie im Brief darauf hin.

Beispiele in Sachen Beweis unter C 2.

E 10. Durch die Brille des Lesers sehen

Sie sind von Ihrer Sache überzeugt. Ihr Leser ist grundsätzlich skeptisch.

Für Sie mag die Qualität Ihres Produktes im Vordergrund stehen. Für Ihren Leser entscheidet, welchen praktischen Nutzen er davon hat.

Sie wollen Geld verdienen. Ihr Leser soll dafür Geld ausgeben.

Zwei verschiedene Sichtweisen... Versuchen Sie sehr ernsthaft, sich von Ihren Anschauungen zu lösen und Ihr Angebot durch die Brille des Lesers zu sehen.

Die Punkte B 11., C 5., C 6. und D 7. geben Ihnen Beispiele und Erläuterungen.

E

E 11. Gefühl und Verstand

Der Mensch wird – man mag's bedauern – vor allem von seinen Gefühlen und weniger vom Verstand regiert. Machen Sie nicht den Fehler, nur an den Verstand zu appellieren!

* Argumente, Tatsachen, Daten sprechen den Verstand an.

* Das Erwähnen der Motive (auch die Atmosphäre des Briefes und das Produktumfeld) spricht das Gefühl an.

Der Brief braucht beides. Die Entscheidung fällt meistens auf Gefühlsebene... doch sie wird verstandesmäßig begründet.

Kennen Sie die emotionalen Seiten Ihres Angebotes? A 1. und B 2. helfen Ihnen, sie zu finden.

E 12. Genaue Beschreibung des Angebotes

Informieren Sie Ihren Leser eingehend über Ihr Angebot. Er muß genau wissen, was er bekommt – und wie er es bekommt.

Daraus folgt, daß ein Brief allein nur für klare, einfache, risikolose Angebote geeignet ist. Wenn's komplizierter wird, braucht der Leser mehr Informationen aus Prospekten oder anderen Werbemitteln. Denn man kann nicht zuviel in einen Brief packen.

Ergänzende Hinweise finden Sie unter B 9.

E

E 13. Kein Risiko...

Ihr Leser befürchtet nicht zu Unrecht, daß er Zeit, Geld oder Mühe aufwenden muß... Nehmen Sie ihm wenigstens die Sorge, daß er damit ein Risiko eingeht:

* Zeigen Sie, daß die Vorzüge des Angebotes die Ausgabe auch wert sind.

* Setzen Sie die Reaktionsschwelle niedrig an, verkleinern Sie den Schritt zum Kauf durch Zwischenschritte (ausführliche Information, Muster, Probierangebot).

* Garantieren Sie für risikolose Bestellung durch Rückgaberecht, Bestellung zur Probe, Ansichtsfrist, Geld-zurück-Garantie...

Erläuterungen und Beispiele finden Sie unter A 11. und C 11.

E 14. Wie reagieren?

Jedes Angebot wird erfolgreicher, wenn der Leser ganz konkret zum Handeln aufgefordert wird. Das ist durch unzählige Tests bewiesen. Sagen Sie also dem Leser genau, was Sie von ihm erwarten:

* Karte schicken

* anrufen

* ins Geschäft kommen

* Geld überweisen

* Termin vormerken

E

Sagen Sie auch, wie er das tun soll: Unterschreiben, Artikel eintragen, Karte einwerfen, Scheck senden... Und sagen Sie ihm, er soll's jetzt gleich tun – sonst schiebt er es auf die lange Bank und vergißt es. Nennen Sie möglichst auch einen Grund, warum er sofort reagieren soll.

Unter C 9. und C 10. sehen Sie, wie's geht.

E 15. Das „Bonbon“ im PS

Das PS liest der Empfänger Ihres Briefes zuerst (nach der Schlagzeile).

Versprechen Sie ihm deshalb hier einen besonderen Vorteil:

* einen wichtigen Vorzug Ihres Angebotes

* oder ein Extra-„Bonbon“ – Zugabe, Geschenk, Teilnahme an einer Verlosung usw.

Sie können dieses Bonbon auch für eine rasche Antwort versprechen und haben damit am Briefschluß nochmal einen kräftigen „Aktions-Verstärker“.

Anregungn dafür unter A 13. und C 12.

E 16. Übereinstimmung der Angaben

Checken Sie zum Schluß noch einmal, ob sachliche Angaben in Brief und Prospekt oder Antwortkarte übereinstimmen. Prüfen Sie besonders

* Lieferweise und Lieferbedingungen

* Preise

* Stückzahlen

* Termine

Zwei häufige Ursachen für Differenzen: Oft werden die im Prospekt bereits gedruckten Angaben später geändert – der Brief braucht ja nicht so lange Herstellungszeiten. Oder Angaben zur Lieferung werden im Brief anders formuliert, so daß sie mißverstanden werden oder einen anderen Sinn bekommen.

Abweichende Angaben sind für den Leser ein „Vorsicht"-Signal und schmälern sein Vertrauen!

E

F. Briefgestaltung

Die Gestaltung des Briefes hat wesentlichen Einfluß auf das Leseverhalten – also auch auf den Erfolg. Besser machen lohnt sich!

F1. Verwenden Sie für Werbebriefe keinen allzu dominierenden Briefkopf, sondern eine „abgemagerte“ Version oder eine Fußleiste.

F2. Setzen Sie bei gedruckten Werbebriefen eine starke Schlagzeile anstelle der Adresse – und vielleicht ein Bild anstelle des Briefkopfs.

F3. Rechnen Sie pro Zeile nicht mehr als 60 Anschläge (besser 55).

F4. Verwenden Sie „normale Schreibmachinenschrift“ mit Füßchen (Pica oder Elite).

F5. Schreiben Sie nicht mit Randausgleich, sondern im Flattersatz.

F6. Achten Sie auf sinngemäße Zeilenausgänge und Trennungen.

F7. Vermeiden Sie g e s p e r r t e S c h r i f t e n oder GROSSBUCHSTABEN für Hervorhebungen.

F8. Unterstreichen Sie Wörter, Satzteile oder kurze Sätze mit wichtigen Vorteilen für den Kunden.

F9. Ein Datum ist normalerweise nicht nötig. Wenn, dann verwenden Sie ein aktuelles Datum.

F

F 10. Geben Sie Ihrem Brief eine Unterschrift. Wiederholen Sie den Namen des Unterzeichners in „Klarschrift" – mit ausgeschriebenem Vornamen.

F 11. Vergessen Sie nicht, im Briefkopf oder unter der Grußformel die Telefon-Durchwahl des Ansprechpartners anzugeben.

F 12. Wenn Ihr Brief mehrere Seiten füllt: Wecken Sie Spannung am Ende der 1. Seite und beginnen Sie die nächste ebenso. Mehrseitige Briefe besser auf mehrere Blätter als auf Vorder- und Rückseite drucken.

F 13. Verwenden Sie Farben und andere optische Akzente im Brief nur sparsam.

Diese Checkliste liegt dem Buch noch einmal lose bei. So können Sie gleichzeitig die folgenden Erklärungen zu jedem Punkt studieren.

F 1. Der Briefkopf

Eine der Fragen, die sich der Leser zuerst stellt, heißt: Wer schreibt mir? Normalerweise geht der erste Blick deshalb nach oben und erfaßt den Briefkopf.

Dort steht allerdings eine Menge, was den Leser (zumindest in diesem Stadium) keineswegs interessiert: Telex, Konten, Handelsregister-Nummer... Im Moment geht es dem Leser ja nur um die Frage: Wer schreibt mir? Kenne ich ihn?

Auf der anderen Seite soll der Leser ja so rasch wie möglich vom Nutzen unseres Angebotes erfahren. Auch das spricht dafür, den Briefkopf von überflüssigem Ballast zu befreien. Für eine interessante Schlagzeile oder die persönliche Anrede ist der Platz besser genutzt!

Noch ein Grund zum „Abrüsten“: Briefköpfe sind mitunter eine recht penetrante Form der Selbstdarstellung. Das läuft dem kundenbezogenen SIE-Stil zuwider. Es ist psychologisch ungünstig, wenn der Briefkopf schon optisch den Namen des Kunden rettungslos dominiert.

Drucken Sie also eine verkürzte, eventuell verkleinerte Form des Briefkopfes. Auch die Bezugszeichen-Zeile wird Höherem geopfert – nämlich einer interessanten Schlagzeile und der fesselnden Einleitung.

Weitere Überlegungen zum Briefkopf in gedruckten Briefen siehe unter F 2.

F 2. Schlagzeile und Abbildung im Brief

In einem „normalen" Brief erfaßt der Leser zuerst seinen Namen und im Briefkopf den Namen des Absenders. Der Name des Absenders ist aber nur dann eine positive Einstimmung, wenn er einen großen Bekanntheitsgrad hat oder zum Leser bereits eine Beziehung besteht. Ist diese Beziehung noch nicht vorhanden, so ist auch die Antwort auf die Frage „kenn ich den, der mir schreibt" negativ.

Das heißt: In diesem Fall findet der Leser keine Bestätigung, kein JA als Antwort auf seine Frage. Der Briefkopf hat keine oder sogar eine negative Wirkung. Man würde diesen Platz besser für ein Element mit positiver Wirkung verwenden.

Ähnliche Überlegungen gelten der Adressierung. Adresse und Anrede sind wichtige positive Signale. Wenn sie fehlen – etwa weil Sie aus Kostengründen auf einen gedruckten Brief ohne Adresse verwenden -, dann sollten Sie ein anderes positives Signal setzen. Das ist die Schlagzeile,die einen für den Leser wichtigen Vorteil ausdrückt.

* Wenn Sie gedruckte Briefe ohne Adresse verwenden, setzen Sie eine „vorteils-geladene" Schlagzeile dorthin, wo sonst die Adresse steht. Sie können sie auch – ähnlich wie eine Adresse – in drei, vier kurzen Zeilen anordnen.

* Wenn Sie beim Empfänger noch nicht bekannt sind, sollte auf jeden Fall die Schlagzeile über den Briefkopf dominieren.

* Die Schlagzeile wirkt noch besser, wenn Sie den Briefkopf für sich hat und die Firmierung als Fußleiste erscheint.

* Oder unterstützen Sie die Schlagzeile durch ein Bild, das den Vorteil für den Kunden optisch zeigt. Vielleicht eine Person, die diesen Vorteil demonstriert – oder z.B. ein paar Geldscheine, wenn ein entsprechender Betrag zu sparen ist.

* In einem illustrierten Brief sollte die Firmierung immer als Fußleiste erscheinen. Der Briefkopf wirkt sonst überladen. Außerdem zieht der Briefkopf zu viel Aufmerksamkeit von der Illustration ab.

F

Gestaltungsbeispiel für einen adressierten Brief.

Die Ziffern bedeuten:

1 = „abgemagerter" Briefkopf,
2 = Adresse mit Ansprechpartner,
3 = persönliche Anrede,
4 = spannende Einleitung, direkt ins Thema einsteigen,
5 = „normale" Schreibmaschinentype,
6 = kein Randausgleich,
7 = Hervorhebungen durch Unterstreichen oder Einrücken,
8 = kurze Sätze, kurze Absätze,
9 = Aufforderung zum Reagieren,
10 = lesbare Unterschrift,
11 = „Übersetzung", evtl. mit Telefondurchwahl,
12 = PS mit „Extra-Bonbon".

(1)

COMPUTER GmbH

Meier & Müller KG
Herrn Peter Meier
Langestraße 99 (2)

9999 Bergen

20.1.1987

Sehr geehr (3) Herr Meier,

steckt das Geld, das Ihnen in der Kasse fehlt, vielleicht in Ihrem Lager? (4)

Wenig Kapital binden und die Wünsche der Kunden trotzdem erfüllen, das Lager öfter ums‿lagen und trotzdem ein breites Sortiment bieten... (5) einem Personal-Comput (6) meistern Sie diesen Drahtseilakt.

Wir würden Ihnen gern zeigen, wie einfac (7) as geht - mit einem speziell für Ihre Aufgaben zugeschnittenen Lagerwirtschafts-Programm. Deshalb laden wir Sie zu einer zwanglosen

Praxis-Vorführung am (7) 2.87, 19.oo Uhr

in unser Computer-Center ein. Bringen Sie ihre Fragen und Probleme mit und stellen Sie unser Know-how auf die Probe.

Für Imbiß (8) Erfrischungen ist gesorgt. Bitte notieren Sie sich ‿ch den Termin - und geben Sie uns Ihr JA mit der beiliegenden Karte. (9)

Wir freuen uns auf einen anregenden Abend mit Ihnen und grüßen Sie freundlich

Ihre Computer (10)

F. Schulz

Franz (11)

PS.: Welche Anwendungen des Personal-Computers sind außerdem interessant (12) Sie? Bitte kreuzen Sie auf der Karte an, damit wir S‿ optimal informieren können.

F

Gestaltungsbeispiel für einen nicht adressierten und deshalb illustrierten Werbebrief.

Die Ziffern bedeuten:

1 = Illustration, möglichst konkret und nah am Thema,
2 = fesselnde Schlagzeile,
3 = zielgruppen-orientierte Ansprache,
4 = „normale" Schreibmaschinentype,
5 = kein Randausgleich,
6 = Wichtiges (= Vorteile für den Kunden) unterstreichen,
7 = kurze Sätze, kurze Absätze,
8 = Aufforderung zum Reagieren,
9 = lesbare Unterschrift,
10 = „Übersetzung", evtl. mit Telefon-Durchwahl,
11 = PS mit „Reaktionsverstärker",
12 = Firmierung in der Fußleiste.

Steckt in Ihrem Lager
zu viel Geld?

Sie als Drogist kennen das Problem besonders gut: Steckt man zu viel Geld ins Lager, sacken die Gewinne ab. Und steckt man zu wenig rein, bleiben die Kunden weg.

Eine ausweglose Situation?

Mitnichten. Mit einem Personal-Computer meistern Sie den Drahtseilakt: Sie wissen, was Ladenhüter und Renner sind. Sie disponieren tages-aktuell (und vollautomatisch). Sie binden wenig Kapital und erfüllen trotzdem die Wünsche Ihrer Kunden. Sie sind liquide... und machen mehr Umsatz.

Und das soll so ein aktentaschenkleines Gerät schaffen?

Verständlich, wenn Sie skeptisch sind. Deshalb würden wir Ihnen gern zeigen, wie einfach das geht. Kommen Sie doch ganz zwanglos zur

Praxis-Vorführung am 15.2.87, 19.oo Uhr

in unser Computer-Center. (Für Imbiß und Erfrischungen ist gesorgt.) Bringen Sie Ihre Fragen und Probleme mit und stellen Sie unser Know-how auf die Probe.

Steckt das Geld, das Ihnen in der Kasse fehlt, in Ihrem Lager? Oder liegt es zu lange bei Ihren Kunden? Oder...? In drei Wochen werden Sie es wissen - und die Antwort dazu. Sagen Sie einfach JA mit der beiliegenden Karte!

Mit freundlichen Grüßen

Computer GmbH

Franz Schulze

PS.: Bitte schicken Sie Ihre Antwort möglichst rasch. Damit wir Ihre Fragen individuell beantworten können, ist die Zahl der Gäste auf 20 begrenzt.

F 3. Zeilenlänge – Zeilenabstand

Sie sollten höchstens ca. 60 Buchstaben in eine Zeile schreiben, sonst wird der Text schwerer lesbar. Besser sind nur 55 Buchstaben pro Zeile. Oder in Zentimetern: Maximal 15 Zentimeter auf dem 21 cm breiten Blatt.

Die Buchstabenmenge gilt bei 10 Buchstaben pro Zoll. Wenn Sie die 12er-Teilung verwenden, dürfen es auch ein paar Buchstaben mehr sein. Bei Platzmangel ist es besser, eine etwas enger laufende Schrift zu verwenden und kleinere Textblöcke zu haben, als Absätze zusammenzurücken und den Rand vollzuquetschen. Das Auge „erschrickt" vor der optisch größeren Textmenge. Die folgenden Schriftmuster geben Ihnen einen Eindruck davon, wieviel Text in die erwähnten Breiten paßt.

Schreiben Sie Ihre Werbebriefe (= die Druckvorlagen) wie Ihre Korrespondenz mit normalem Zeilenabstand. Nur wenn Sie sehr kurze Texte haben, stehen sie in 1 1/2 zeiligem Abstand besser auf dem Blatt.

Your electronic typewriter makes
your.work more enjoyable. It can
aid you to type perfect letters.

Von dieser Schriftgröße passen 10 Buchstaben auf 1 Zoll Breite. Eine Zeile von 15 cm Breite enthält ca. 58 Buchstaben. Diese Schrift ist sehr leicht lesbar und empfiehlt sich vor allem, um kürzere Texte „raumfüllend" anzuordnen.

**Your electronic typewriter makes your
work more enjoyable. It can aid you to
type perfect letters in no time at all.**

Von dieser Schriftgröße passen 12 Buchstaben auf 1 Zoll Breite. Eine Zeile von 15 cm Breite enthält ca. 70 Buchstaben. Dies ist die meistverwendete Größe; sie verbindet gute Lesbarkeit und gute Raumausnutzung.

**Your electronic typewriter makes your work more
enjoyable. It can aid you to type perfect let-
ters in no time at all. You, the ideal secretary.**

Von dieser Schriftgröße passen 15 Buchstaben auf 1 Zoll Breite. Eine Zeile von 15 cm Breite enthält ca. 88 Buchstaben. Das ist aber schon recht schwer lesbar und sollte nur in Ausnahmefällen vorgesehen werden, beispielsweise um in einem DIN A 5-Brief fast die übliche Textmenge unterzubringen.

F 4. Schreibmaschinenschrift – nichts anderes

Verwenden Sie für einen Werbebrief nur das typische Herstellverfahren individueller Briefe: die Schreibmaschine. Oder ein Schreibsystem (Drucker) mit dem typischen Schriftbild einer Schreibmaschine. Denn nur sie verbreitet das für einen Brief typische, persönliche Flair.

Erstellen Sie mit der Schreibmaschine auch die Vorlage für einen gedruckten Brief. Eine gesetzte Schrift wirkt steif, unpersönlich – wie eine amtliche Mitteilung. Wenn Sie nicht glauben, daß die Schriftwahl so viel ausmacht – vergleichen Sie doch mal die Muster auf der nächsten Seite.

Zwar wäre Handschrift noch persönlicher als die Schreibmaschine – doch wer schreibt heute noch von Hand? Vor allem aber: Auch die beste Handschrift ist zu langsam lesbar, als daß sie sich für längere Texte eignete. Die „Arbeit" beim Lesen des unverlangten Briefes wäre zu groß. Verwenden Sie Handschrift höchstens für Schlagzeilen, kurze Vermerke auf dem Briefrand, Beiheftezettel wie „Für Sie ausgesucht" usw.

Aber auch nicht alle Maschinenschriften eignen sich gleich gut:

* Nehmen Sie Schriften mit „Füßchen": Pica, Elite, Perl, Courier und ähnliche.

* Weniger gut geeignet sind Typen wie Quadrato oder Gothic.

* Kursivschrift von der Schreibmaschine ist nicht für jedes Angebot geeignet – „Schreibschrift"-Imitationen schon gar nicht, da sehr schwer lesbar.

* Verwenden Sie in der Regel auch keine Proportionalschrift. Dieses Schriftbild entspricht nicht der „normalen" Schreibmaschine.

Kommentar zu den folgenden PostGiro-Briefen

Dieses Beispiel zeigt Ihnen, wie sehr die Atmosphäre im Brief von der Schriftwahl beeinflußt wird.

Der Werbebrief „Postgiro", gesetzt in einer sachlichen und gut lesbaren Helvetica-Type, gleicht eher einer amtlichen Mitteilung als einem persönlichen Brief.

Völlig anders wirkt der adressierte Brief mit typischer Schreibmaschinenschrift. Sogar ohne Adresse und Andrede bliebe der individuelle Charakter weitgehend erhalten.

DEUTSCHE BUNDESPOST

POSTGIROAMT KARLSRUHE

Beratungsstelle

(07 21)
1 31 - 5 75
oder 1 31 - 1

Karlsruhe
Februar 1986

PostGiro. Das clevere Konto.

Sehr geehrte Damen und Herren,

für Ihren geschäftlichen Zahlungsverkehr — aber auch als Lohn- und Gehaltskonto — ist ein Girokonto unerläßlich.

Deswegen möchten wir Ihnen heute das Postgirokonto vorstellen. Es ist auf die Anforderungen des modernen Zahlungsverkehrs speziell zugeschnitten und bietet Ihnen — auch als Ergänzung zu anderen Bankverbindungen — eine Reihe wesentlicher Vorteile:

— Erhöhung der Liquidität durch sehr schnelle Auftragsabwicklung

— Nach jeder Buchung postwendend Information über den aktuellen Kontostand

— Äußerst niedrige Gebühren für alle Arten von Aufträgen.

Vielleicht arbeiten Sie aus diesen Gründen bereits mit einem Postgirokonto — dann verstehen Sie dieses Schreiben bitte als Erinnerung an die breite Palette der angebotenen Möglichkeiten.

Wenn Sie jedoch noch kein Girokonto bei der Post besitzen, sollten Sie überlegen, ob seine vielfältigen Vorteile Ihnen nicht ebenfalls Nutzen bringen könnten.

Oft lohnt sich das Postgirokonto auch als preiswertes **Zweitkonto.**

Die Eröffnung können Sie mit umseitigem Antrag bei Ihrem Postamt beantragen. Dabei bitten wir Ihren Personalausweis mitzubringen.

Mit freundlichen Grüßen

Ihr

Postgiroamt Karlsruhe

Dienstgebäude
Kriegsstr. 100
Karlsruhe

Kassenstunden Mo-Fr 8.30-13 Uhr
Auskunft Mo - Fr 8 - 16 Uhr
An Samstagen ist das
Postgiroamt geschlossen

Telex
7 825 849 pga
Btx Nr. 07 21
13 10 00 08

Telefax
(07 21)
1 31 89 34

Kontoverbindungen
Postgiroamt Karlsruhe
(BLZ 660 100 75) KtoNr 1-754

Landeszentralbank Karlsruhe
(BLZ 660 000 00) KtoNr 660 100 75

F

DEUTSCHE BUNDESPOST

POSTGIROAMT KARLSRUHE

Beratungsstelle

☏ (07 21) 131-575

Karlsruhe 28.10.1988

Herrn
Klaus Schüler
Rathausgasse 9

7800 Freiburg

Wenn Sie mehr aus Ihrem Geld machen wollen,

sehr geehrter Herr Schüler,

dann brauchen Sie das richtige Konto dazu: ein Girokonto bei der Post. Warum gerade bei der Post und nicht sonstwo?

Postgiro ist bequem: Ihre Ausgaben (z.B. Miete, Versicherungen, Beiträge, Ihre Rechnungen) zahlen Sie ohne Bargeld. Nur eine Überweisung schreiben und einfach portofrei in den nächsten Briefkasten stecken - erledigt! Oder einen Scheck ausstellen. Oder bei wiederkehrenden Zahlungen einmal einen Dauerauftrag erteilen - und dann vergessen.

Damit Sie den Überblick behalten, kommt nach jeder Buchung postwendend ein Kontoauszug ins Haus.

Postgiro ist praktisch: Der Postschalter hat jeden Werktag offen - viel länger als bei Banken üblich. So sind Sie immer flüssig. Mit der Eurocheque-Karte kommen Sie aber auch bei Banken und Sparkassen zu Geld - überall, wo Sie das blau-rote EC-Zeichen sehen. In 40 Ländern!

Postgiro ist billig: Bei jedem Vergleich schneidet das Konto bei der Post prima ab, denn die Gebühren sind besonders günstig. Das bestätigen z.B. die Experten der Zeitschrift Capital. Bis 10 Buchungen pro Monat kosten nur 1,30!

Und zum Einstand haben Sie mein Versprechen, daß wir Ihr Konto die ersten zwei Jahre völlig gratis führen. Einverstanden?

Kommen Sie doch einfach beim nächsten Postamt vorbei und bringen Sie Ihren Personalausweis mit. Am Postgiro-Schalter hilft Ihnen ein freundlicher Postler beim Ausfüllen des Antrags und zeigt Ihnen, wie einfach das Postgiro funktioniert. Sie werden sehen: Es macht Spaß - und es lohnt sich.

Bis bald also!
Ihr Kundenberater

K. Hammann

Karl Hammann

Dienstgebäude Kriegsstr. 100 Karlsruhe | Kassenstunden Mo-Fr 8.30-13 Uhr, Auskunft Mo - Fr 8 - 16 Uhr, An Samstagen ist das Postgiroamt geschlossen | Telex 7 825 849 pga, Btx Nr. 07 21 13 10 00 08 | Telefax (07 21) 1 31 89 34 | Kontoverbindungen Postgiroamt Karlsruhe (BLZ 660 100 75) KtoNr 1-754 | Landeszentralbank Karlsruhe (BLZ 660 000 00) KtoNr 660 100 75

F 5. Kein Randausgleich

Textverarbeitung per Computer ist ein Segen für den Schreiber. Aber müssen die Kunden Ihren Briefen gleich ansehen, daß sie aus dem Computer kommen? Man setzt das immer schnell mit „Massenproduktion“ gleich.

Verzichten Sie also auf die Spielerei des Randausgleichs. Viele Textsysteme oder -programme schaffen den Randausgleich nur mit großen Lücken zwischen den Wörtern – das macht den Brief nicht gerade schöner.

Außerdem erschweren die gleich langen Zeilen das Lesen. Das Auge benützt nämlich verschiedene Zeilenausgänge als „Markierung“ beim Springen von Zeile zu Zeile.

F 6. Zeilenausgänge

Bemühen Sie sich um möglichst logische Zeilenausgänge. Wann immer möglich, führen Sie einen Gedanken oder einen Satzteil oder Satz in einer Zeile zu Ende. Oder aber – wenn ein Gedanke in die nächste Zeile führt – lassen Sie dies schon im Zeilenausgang erkennen. Sie können damit das Lesen ungemein erleichtern. Oft lohnt es sich sogar, Sätze wegen des logischen Zeilenausgangs umzustellen.

Versuchen Sie, mit wenigen Trennungen auszukommen. Es macht gar nichts, wenn die Zeilenlänge innerhalb eines Absatzes um etwa 5 Anschläge differiert. Wie gesagt: Das Auge benützt die unterschiedlichen Zeilenausgänge als Lesehilfe.

Sind Trennungen notwendig, dann nach folgenden Regeln:

* Trennen Sie nach Duden. Überlassen Sie Trennungen nicht dem Trennprogramm Ihres Schreibsystems – es produziert zuviel Unsinn.

* Möglichst keine Silben mit weniger als 3 Buchstaben abtrennen: Au-ge, Un-terschied, Lesebril-le.

* Wortbedeutungen in zusammengesetzen Wörtern nicht auseinanderreißen: Weder Zei-lenausgang noch Zeilenaus-gang.

* Vermeiden Sie besonders Trennungen, die schwer verständlich sind oder bei flüchtigem Lesen einen anderen Sinn ergeben: Billigan-gebot, Reimporte.

F 7. Welche Auszeichnungen verwenden?

In jedem Text gibt es Wörter, die besonders herausgehoben werden sollen. Wie erreichen sie das am besten?

Sie sollten alle Auszeichnungen vermeiden, die schwer lesbar sind und den Lesefluß hemmen:

* A l s o k e i n e g e s p e r r t e S c h r i f t

* EBENFALLS KEINE VERSALIEN

* Schräg gestellte oder doppelt große Schriften gibt's nicht auf der Schreibmaschine – sie sollten auch nicht in Ihrem Brief vorkommen.

* Sie sollten auch keine Textteile farbig drucken.

* Halbfette Schrift hat sich im Zeitalter elektronischer Schreibmaschinen eingebürgert. Ich würde sie trotzdem nur dann verwenden, wenn sie den Briefcharakter nicht stört – beispielsweise in der Schlagzeile.

* Handschrift
  nur in Ausnahmen, für kurze Hinweise und gut lesbar

Die beste Auszeichnung für Textteile im Brief ist das gute alte Unterstreichen (siehe auch F 8.).

F 8. Was und wie unterstreichen?

Beim ersten Blickkontakt mit Ihrer Werbung drängen sich dem Leser Fragen auf. Im Vordergrund steht immer die eine: Was habe ich davon, wenn ich den Brief lese?

Mit anderen Worten: Der Leser sucht seinen Vorteil. Jeder Vorteil signalisiert ihm ein JA – zuerst zum Weiterlesen, später zum Kauf. (In den Abschnitten A 10., B 11. und E 3. war davon die Rede.)

Der erste Blickkontakt mit Ihrem Brief ist allerdings nur ein sekundenschnelles Überfliegen. Dabei orientiert sich der Leser, ob sich das Weiterlesen überhaupt lohnt. Findet er in diesem Kurzkontakt keine Vorteile, ist Ihr Angebot schon vom Tisch.

Sorgen Sie dafür, daß das Auge an Vorteilen „hängenbleibt"!
(Beachten Sie dazu das Briefbeispiel I 55.)

Unterstreichen Sie also solche Passagen, die dem Leser einen Vorteil bieten. Unterstreichen Sie nicht zu lange Texte, sondern konzentrieren Sie sich auf den Kern der Aussage. Das sind in der Regel nur einzelne Wörter.

Bei Briefen an private Verbraucher dürfen Sie insgesamt mehr Vorteile hervorheben – (fast) jeder Absatz kann einen unterstrichenen „Blickstopper" enthalten. Briefe an gewerbliche Empfänger wären damit überladen; hier ist es besser, sich auf einen wichtigen Vorteil zu konzentrieren. Auch eine Schlagzeile können Sie unterstreichen – nicht aber den Vorteil, der im ersten Satz nach der Anrede steht.

Wenn Sie mehrere Wörter unterstreichen, dann immer „am Stück" und nicht jedes einzeln. Unterstreichen Sie mit der Schreibmaschine – wie „von Hand" gedruckt nur als Ausnahme, wenn z.B. auch eine „handschriftliche" Randbemerkung auftaucht.

F 9. Datum – oder nicht?

Das Datum auf Briefen unterstreicht den individuellen Eindruck. Ein Brief mit Adresse und Anrede sollte also auch ein Datum tragen. Das setzt eine sorgfältige Terminplanung voraus: Das Datum soll dem tatsächlichen Termin der Posteinlieferung entsprechen. Es wirkt alles andere als individuell, wenn beim Empfang ein uraltes Datum auf dem Brief steht – oder das von übermorgen.

Wenn die Terminplanung nicht ganz sicher ist, lassen Sie das Datum besser weg.

Zu den unergründlichen Geheimnissen des Geschäftslebens zählt, warum manche Absender den Charakter der Massensendung mit dem Vermerk „Datum des Poststempels" betonen. „März 1989" oder „Im Frühjahr 89" sind ähnlich unnütze Datumsangaben. Gedruckte Briefe ohne Adresse brauchen kein Datum.

Es kann jedoch ausgesprochen positiv wirken, wenn eine Einladung zur Besichtigung der neuen Kollektion mit „Zum Frühlingsanfang 1989" gedatet ist. Wie im Fall der Sammelanrede ist eben Fantasie und Individualität gefragt. Und wie bei der Sammelanrede gilt: Besser die richtige Angabe... oder gar keine.

F

F 10. Die Unterschrift

Die Unterschrift ist das letzte bißchen Persönlichkeit in einem vervielfältigten Brief. Sie hilft dem Leser, die Frage „wer schreibt mir" zu beantworten. Unterschreiben Sie Ihren Brief – Sie verstärken damit seine Wirkung.

Aber unterschreiben Sie einigermaßen leserlich – sonst kann der Empfänger ja nicht erkennen, wer ihm schreibt. Selbst wenn eine „Übersetzung" mit Schreibmaschine druntersteht, bleibt bei unleserlichen Unterschriften eine gewisse Unsicherheit.

Setzen Sie immer den vollen Namen des Unterzeichners in Schreibmaschine dazu. Auch den vollen Vornamen – dann weiß der Leser, ob er es mit einer Dame oder einem Herrn zu tun hat.

Briefe in Kleinauflagen können Sie persönlich unterschreiben. Aber schon 500 Unterschriften sind eine ganz schöne Arbeit... und die Lesbarkeit wird immer schlechter. Lassen Sie bei gedruckten Briefen die Unterschrift in einem hellen Tintenblau mitdrucken. Dafür müssen Sie der Druckerei eine Vorlage liefern. Malen Sie einen Bogen voll Unterschriften und suchen Sie die schönste aus!

Vorlagen mit Kugelschreiber kommen im Druck meistens ein bißchen dünn heraus. Probieren Sie's besser mit einem nicht zu dünnen Filzschreiber oder einem Füllhalter mit breiter Feder. Sehr markant sieht auch die Unterschrift mit einem weichen Bleistift auf einem rauhen Karton aus.

F 11. An wen kann ich mich wenden?

Auch wenn eine Antwortkarte beiliegt oder eine ganz andere Reaktion gewünscht wird – es wird immer Leser geben, die sich mit Fragen, Beschwerden usw. an den Schreiber wenden möchten. Auch bei jenen, die das nicht tun, erzeugt es ein positives Gefühl, wenn Sie ihnen die Möglichkeit zum Kontakt geben.

Setzen Sie ein Zeichen für Ihre Servicebereitschaft, und geben Sie die Durchwahl des Briefunterzeichners gut sichtbar an. Am besten eignet sich dafür die Stelle unter der Unterschriftszeile. Etwas weniger auffällig und nicht so stark mit der Person des Unterzeichners verbunden ist die Angabe im Briefkopf. Wünschen Sie speziell telefonische Reaktionen, können Sie in einem der letzten Sätze oder im PS zusätzlich dazu auffordern.

Geben Sie immer die ganze Rufnummer einschließlich Vorwahl an. Und möglichst die Durchwahl bis zu Ihrem Apparat – nichts ist für den Anrufer lästiger als langes Warten aufs Weiterverbinden.

Größere Firmen mit regionalen Niederlassungen oder Agenturen geben in Briefkopf oder PS gern Namen und Telefon des örtlichen Vertreters an, abgestimmt auf die Postleitzahl der Adresse. So kann der Leser mit einem Ortsgespräch reagieren.

F 12. Mehrseitige Briefe?

Wie lang soll (darf) ein Werbebrief sein? Dafür gibt es nur eine Regel: So lang, daß der Leser alles wirklich Interessante über Ihr Angebot erfährt.

Bei einem Begleitbrief zu einer neuen Preisliste können das zwölf Zeilen sein. Bei einem Konsumgüter-Angebot, das direkt an Private versandt wird und von viel Atmosphäre lebt, mögen es sechs Seiten sein...

Einem guten Verkäufer, der Ihnen vorher nie gehörte Fakten auf den Tisch legt und Ihre Probleme löst, können Sie stundenlang zuhören. Wer nur Phrasen drischt, ist schnell wieder draußen. Analog dazu ist ein nichtssagender Brief schon mit fünf Zeilen zu lang.

Einziges Kriterium ist das Interesse des Lesers. So lange Sie es zu fesseln vermögen, ist der Brief nicht zu lang.

Dennoch hat sich ein gewisser Standard herausgebildet. Geschäftsleuten, die immer in Eile sind, sollte man in der Regel nicht mehr als eine Seite zumuten. Das gilt auch für Freiberufler und andere qualifizierte Privatadressen – und hier besonders für berufsbezogene Angebote. Angebote, die sich mehr an die Familie richten, dürfen ruhig längere Briefe haben.

Die Länge des Briefe hängt aber auch vom Werbeziel und von den Beilagen ab.

* Ein Brief, der qualifiziertes Interesse oder einen Kauf bewirken soll, wird ausführlicher sein als einer, der nur geringe Hemmungen zu überwinden hat (z. B. Anforderung von Informationen, Teilnahme an Preisausschreiben, Bestellung von Allerweltsartikeln).

* Ein Brief, der ohne Beilagen wirken muß, wird ausführlicher sein als einer, dem eine Sachinformation beiliegt (Prospekt oder Katalog). Es ist Geldverschwendung, wenn der Brief nur das gleiche wiederkäut wie der Prospekt. Der Prospekt soll informieren, der Brief argumentieren.

Längere Briefe, die ein gewisses Qualitätsniveau signalisieren sollen, werden besser auf Erst- und Zweitblatt gedruckt als auf Vorder- und Rückseite. Das gilt vor allem für adressierte Briefe. Bei gedruckten Briefen ohne Adresse ist der Leser nicht so pingelig.

Wenden Sie bei mehrseitigen Briefen die Technik des Fortsetzungsromans an: Die erste Seite muß einen spannenden Schluß haben (sprich: Vorteil für den Leser) und den Leser auf die nächste Seite hinüberziehen. Ebenso muß die zweite Seite spannend beginnen, damit der Leser schon beim ersten Überfliegen merkt: Hier ist's immer noch interessant.

Sie können ohne weiteres einen Satz am Ende der Seite abbrechen (z.B. mit Pünktchen) und auf der zweiten Seite mit Pünktchen weiterführen. Allerdings sollten beide Halbsätze auch allein einen Sinn ergeben. Das ist ein erprobter Trick, den Leser „über die Seite“ zu bringen.

F 13. Blickfänge, Bilder, Farben

Unter F 2. haben Sie gelesen, wann ein Bild – anstelle des Briefkopfes – empfehlenswert sein kann. Wie sieht es grundsätzlich mit illustrierten Briefen aus?

Man sieht mitunter Briefe, die nur deshalb illustriert sind, um „anders" auszusehen. Beliebte Blickfänge dieser Art sind beispielsweise die drei Würfel mit Sechsen, Alle Neune oder die Zielscheibe mit dem Wurfpfeil. Ein schlechter Brief wird dadurch nicht besser, ein guter Brief verliert durch derlei nichtssagende Illustrationen seine Überzeugungskraft.

Versuchen Sie lieber, einen wirklich guten Brief zu schreiben... und lassen Sie den auch wie einen Brief aussehen.

Anders, wenn Sie ein Foto oder eine Zeichnung einsetzen, das einen Produktvorteil überzeugend demonstriert. Lesen Sie dazu bitte nochmals F 2.

Es gibt auch Briefe mit mehreren Bildern, entweder in einer Randleiste oder in freier Anordnung. Sie sind aber keine Briefe im eigentlichen Sinn, sondern Zwitter zwischen Brief und Prospekt. Meistens kombinieren sie die sachliche Information durch Fotos und Bildunterschriften mit emotionaler Ansprache durch einen persönlich wirkenden Text. Oder der Text übernimmt die Sachinformation, während Bilder z.B. in Comics-Form das Gefühl ansprechen. (Siehe Briefbeispiel I 28.)

Lassen wir es bei diesen Hinweisen. Grundsätzlich sollte sich ein Werbebrief nicht allzu weit vom Bild des persönlichen Briefes entfernen. Das heißt auch Verzicht auf allzu viele „handgemalte" Kreuze, Häkchen oder Randbemerkungen. All das kann Textteile wirksam hervorheben – aber nur, wenn sparsam angewendet. Sonst geht's dem Leser wie dem Autofahrer, der zu viele Verkehrszeichen sieht... er beachtet überhaupt keines.

Das gilt auch für „Farbenspiele". Schon aus ökonomischen Gründen wird man in der Regel bei zwei Farben bleiben: Schwarz (oder dunkelgrau) für den Text, tintenblau für Unterschrift und „handschrifltiche“ Auszeichnungen. Oft läßt sich auch das Firmenzeichen in Blau mitdrucken, vielleicht in einem Rasterton. Weitere Farben sind nicht zwingend notwendig. Wenn Sie Ihr Firmenzeichen unbedingt in Orange und Giftgrün haben wollen – bitte. Aber verteilen Sie die zusätzlichen Farben nicht über den ganzen Brief, nur weil sie sowieso gedruckt werden.

G. Rund um den Brief

Ein Werbebrief kommt nie allein... Mindestens reist er im Umschlag an, und meistens wird er durch Beilagen ergänzt. Nicht zuletzt müssen Sie an die Wirtschaftlichkeit denken.

G 1. Planen Sie Format und Gewicht Ihrer Aussendung genau. Versuchen Sie, mit Normgrößen (DIN) und einer 20 g-Standardsendung auszukommen.

G 2. Beachten Sie die einschlägigen Postvorschriften!

G 3. Wählen Sie eine portogünstige Sendungsart. Bevorzugen Sie möglichst die preiswerte und individuell wirkende Massendrucksache.

G 4. Vermeiden Sie Sendungen mit aufgeklebten Adreßetiketten. Bevorzugen Sie Direktadressierung auf Brief oder Antwortkarte.

G 5. Schiefe und verwischte Stempel sind keine gute Visitenkarte für Ihre Firma. Sendungsarten wie Drucksache oder Versendungsformen wie Eilboten sollten besser aufgedruckt als gestempelt werden.

G 6. Deuten Sie den Vorteil des Angebotes schon auf dem Umschlag an, ohne allzuviel zu verraten.

G 7. Frankieren Sie Sendungen an gewerbliche Empfänger möglichst mit Freistempler, Sendungen an Private möglichst mit Marken.

G 8. Fügen Sie ein Antwortmittel bei, um die Reaktion zu erleichtern.

G 9. Auch Begleitbriefe zu Sachinformationen (Prospekte, Kataloge) sollen dem Kunden einen Nutzen bieten – durch zusätzliche Informationen oder durch gefühlsmäßige Einstimmung.

Diese Checkliste liegt dem Buch noch einmal lose bei. So können Sie gleichzeitig die folgenden Erklärungen zu jedem Punkt studieren.

G 1. Möglichst Standardsendungen planen

Standardsendungen werden von der Post in jeder Sendungsart (Brief, Drucksache, Massendrucksache...) zur jeweils günstigsten Gebühr befördert. Sie sparen eine Menge Geld, wenn Sie Standardsendungen bevorzugen.

Standardsendungen sind eine Norm für Größe *und* Gewicht:

Größe:	Länge 14...23,5 cm	Gewicht: bis 20 Gramm
	Breite 9...12,5 cm	
	Höhe bis 0,5 cm	
	Länge min. 1,41 x Breite	

Bei Überschreiten der Standardmaße wird die Gebühr der nächsthöheren Portostufe fällig, auch wenn das Gewicht unter 20 g liegt. Ebenso beim Überschreiten der 20 g - auch wenn die Standardmaße eingehalten werden.

Oft werden Briefe, Prospekte und Preislisten in DIN C 5- Hüllen (oder gar DIN C4) versandt, obwohl sie leicht in eine LangDIN-Hülle passen würden. Dieses Überschreiten der Standardmaße ist der sicherste Weg, sein Geld zum Fenster hinauszuwerfen. Es wird ja nicht nur höheres Porto fällig, auch die Hülle und das Kuvertieren kosten erheblich mehr.

G

Rechnen Sie also vorher das Gewicht Ihrer Sendung aus oder lassen Sie es vom Drucker ausrechnen. Es geht ganz einfach:

$$\frac{\text{Länge cm x Breite cm x Papiergewicht g/m}^2}{10.000}$$

gibt das Gewicht des Werbemittels in Gramm. Ein paar Anhaltspunkte für oft gebrauchte Formate:

DIN A 4 (210 x 297 mm)	80 g/m²	5,0 g
	100 g/m²	6,2 g

DIN A 5 (148 X 210 mm)	80 g/m^2	2,5 g
	100 g/m^2	3,1 g
LangDIN (210 x 105 mm)	80 g/m^2	1,8 g
	170 g/m^2 (Karte)	3,8 g
DIN A 6 (105 x 148 mm)	80 g/m^2	1,3 g
	170 g/m^2 (Karte)	2,7 g
Umschlag 220 x 110 mm	80 g/m^2 (Lang DIN)	4,5 g
162 x 114 mm	70 g/m^2 (DIN C6)	3,0 g
229 x 162 mm	80 g/m^2 (DIN C 5)	6,6 g

Rechnen Sie sicherheitshalber immer 5% drauf –, das Papiergewicht kann schwanken.

In Papiergewicht und Format sind unzählige Variationen möglich. Um Gewicht und damit Porto zu sparen, können Sie auch Formate unter der DIN-Norm wählen. Wenn Sie beipsielsweise mit dem Prospekt eines Lieferanten werben und Sie kämen mit Umschlag und Brief auf 21 Gramm, dann drukken Sie den Brief einfach auf 70g-Papier und machen ihn nur 20 x 28 cm groß... das spart genau 1 Gramm.

Etwas unter DIN-Format zu bleiben kann auch beim Drucken Geld sparen – wenn der Drucker z.B. mehrere Werbemittel von einer „Form" druckt. Übrigens haben EDV-Formulare oft von der DIN-Norm abweichende Zoll-Maße.

Nicht nur bei 20 Gramm, sondern bei jeder Portogrenze sollten Sie genau rechnen – es lohnt sich. Dagegen lohnt es sich nicht, nur wegen eines etwas dickeren Papiers hunderte oder tausende Mark mehr an Porto auszugeben. Beschränken Sie notfalls Formate und Papiergewichte, aber verzichten Sie nicht auf den Brief oder andere Werbemittel!

Bleiben Sie also bei DIN, solange Sie durch die Normierung Geld sparen... aber beharren Sie nicht darauf, wenn sie Ihnen Geld kostet.

G 2. Postvorschriften beachten

Werden Postvorschriften nicht eingehalten, kann die Post die Beförderung verweigern oder vom Empfänger zusätzliche Gebühren kassieren. Daß Sie Ihrer Werbung damit das Grab schaufeln, liegt auf der Hand.

Informieren Sie sich deshalb über die Postvorschriften! Auf Ihrem Postamt bekommen Sie zu jeder Sendungsart ein kostenloses Merkblatt. Ebenfalls kostenlos sind die Tips des Kundenberaters beim Postamt, der Sie in allen Versanddingen berät.

Es würde hier zu weit führen, die Postvorschriften ausführlich zu zitieren. Deshalb nur einige Hinweise auf häufige Fehlerquellen:

* Sendungen richtig frankieren. Fehler passieren nicht nur aus Versehen, sondern auch z.B., weil die Maße der Standardsendung nicht eingehalten oder Gewichtsgrenzen geringfügig überschritten werden.

* Sendungsart angeben, wo verlangt. Das gilt z.B. für Drucksache, Briefdrucksache, Warensendung und deren „Gebühr geprüft"-Varianten, nicht jedoch für Massendrucksachen. Diese werden durch den „Gebühr bezahlt"-Vermerk gekennzeichnet.

* Wenn Sie Massendrucksachen mit dem Freistempler frankieren, nicht den Zusatz „Gebühr bezahlt" vergessen.

* Muster, Proben und kleine Werbeartikel sind nur in Warensendungen oder Massendrucksachen (dort mit Einschränkung) zugelassen.

* Durchsichtige Hüllen und „Werbefenster" auf der Vorderseite sind nicht bei Standardsendungen zugelassen.

* Wenn Sie Umschläge bedrucken: Beachten Sie die Vorschriften für Adressier-, Freimachungs- und Kodierzone (Pflicht ab 1.1.1990).

* Schreiben Sie die Adressen nach postalischer Norm, damit sichere und schnelle Beförderung gewährleistet ist. Natürlich sollte auch Ihre Adreßdatei up to date sein. Pro Jahr müssen Sie mit über 20% Adressen-Änderungen rechnen.

G 3. Die günstigste Sendungsart wählen

Von allen adressierten Sendungsarten kostet die Massendrucksache am wenigsten Porto. Und – kaum zu glauben: Sie bietet die meisten Möglichkeiten zur Gestaltung, wirkt also am individuellsten, wenn man's richtig macht. Ganz kurz das Wichtigste:

* Massendrucksachen sind möglich ab 100 Stück für denselben Leitbereich (wenn die ersten drei Stellen der PLZ identisch sind) oder ab 1000 Stück, wenn mindestens je 10 für denselben Leitbereich bestimmt sind. (Es gibt noch ermäßigte Gebühren bei 4stelliger Sortierung.)

* Massendrucksachen können verschlossen sein.

* Anschrift und Anrede dürfen – jeweils an gleicher Stelle – beliebig wiederholt werden.

* Muster, Proben, Werbeartikel bis 3 cm Höhe können beigefügt werden.

* Kundenspezifische Merkmale wie Geburtstag oder sogar Vornamen von Familienangehörigen, aber auch Losnummern usw. dürfen genannt werden.

* Für Unternehmen mit lokaler Vertriebsorganisation wichtig: Es dürfen auch wechselnde Absenderadressen, Telefonnummern, Agenturen, Vertreter usw. eingefügt werden.

* Massendrucksachen dürfen unterschrieben werden.

Auch bei Drucksachen sind die Postbestimmungen recht liberal geworden. Sie gestatten

* Verschluß mit Klebepunkt oder Adhäsionsverschluß

* Wiederholung der Anschrift

G

* eine persönliche Anrede

* Einfügen eines kundenspezifischen Merkmals wie Kundennummer oder Geburtstag

* Unterschrift(en)

* wechselnde Absenderangaben wie oben (Agenturen, Filialen usw.)

* Wenn Drucksachen nicht in normalen Druckverfahren hergestellt sind, sondern beispielsweise mit Schreibmaschine oder Computer, können sie als „Drucksache Geb. gepr." (= Gebühr geprüft) eingeliefert werden. Die Post ver langt dafür mindestens 20 Stücke, die bis auf obige Einfügungen inhaltsgleich sind. „Drucksache Geb. gepr." darf verschlossen sein.

Angesichts dieser Freiheiten werden Sie für Ihre Werbung kaum andere Sendungsarten benötigen. Vielleicht noch Warensendung oder Postkarte. Postkarten können Sie übrigens – wenn die übrigen Bestimmungen dieser Sendungsarten eingehalten werden – auch portogünstig als Drucksache oder Massendrucksache verschicken.

Und, nicht vergessen: Möglichst bei der Standardsendung bleiben!

G 4. Umschlag und Adressierung

Sie möchten, daß Ihre Werbung persönlich und gediegen wirkt? Dann vermeiden Sie Umschläge mit aufgeklebten Adressen. Die „riechen“ meistens nach Massenwerbung.

* Eine in den Brief integrierte Adresse wirkt am individuellsten und sichert ihm Beachtung.

* Fast genau so gut ist es, die Adresse auf dem Reaktionsmittel (Antwortkarte, Bestellschein) anzubringen. Sie dient dort gleich als Absender-Adresse für einfaches Antworten.

* Speziell ausgerüstete Direktwerbe-Unternehmen können beide Teile adressieren und maschinell sicher zusammenführen (höhere Auflagen).

* Direktadressierung sieht besser aus als die (oft schief sitzenden und nicht sehr ansehnlichen) Aufkleber.

* Dazu verwenden Sie natürlich einen Fensterumschlag.

* Der Fensterumschlag wirkt „offiziell“. Wenn die Sendung betont indivuell wirken soll, verwenden Sie einen Umschlag ohne Fenster (und ohne Werbeaufdruck, jedoch nicht ohne Absender) und adressieren ihn direkt. Das kommt meist nur für kleine Auflagen in Frage.

G 5. Keine Stempel auf der Hülle

Wie du kommst gegangen, so wirst du empfangen... will sagen: Der erste Eindruck entscheidet über die Aufnahmebereitschaft. Wenn der Brief Ihr Stellvertreter ist, dann ist der Umschlag sein Anzug (und mehr, davon ist noch die Rede).

Gerade Sendungen in geringer Auflage, die besonders individuell wirken sollten und könnten, sind von außen oft ein Sammelsurium von Stempeln, in jeweils verschiedener Schieflage, teils verwischt oder nur zur Hälfte lesbar. Allein schon der Stempel DRUCKSACHE, oft dreimal so groß wie die Schrift der Adresse, sieht nicht gerade individuell aus.

* Versuchen Sie, z.B. Sendungsarten mit dem Freistempler oder mit der Adressierung aufzubringen – oder sie einzudrucken.

* Auch den „Gebühr bezahlt“-Vermerk bei Massendrucksachen können Sie mit dem Freistempler aufbringen.

* Leithinweise wie „Geschäftsleitung“ sollten nicht gestempelt, sondern in die Adresse integriert werden.

* Der Absender sollte eingedruckt sein. Eventuell tut's auch ein sauber aufgebrachtes Selbstklebe-Etikett.

* Wenn Stempel nicht zu vermeiden sind: Nicht zu groß, gerade sitzend, sauber abgedruckt!

* Einzige Ausnahme: Wenn Sie statt eines werbenden Aufdrucks beispielsweise EILT oder „Terminsache“ auf den Umschlag stempeln, darf der Abdruck schräg stehen und wie in Eile hingestempelt wirken. Das heißt aber nicht verschmiert und unleserlich. Und es sollte bei diesem einen Stempel auf der Hülle bleiben.

G 6. Der „Anreißer" auf dem Umschlag

Der Umschlag ist nicht nur der „Anzug" Ihres Briefes, er spricht auch die ersten Worte – wie der Vertreter, der erst einmal eingelassen werden will.

In den ersten Sekunden des Kontaktes wirkt der Umschlag allein – und er muß etwas Interessantes sagen, damit der Leser dem Brief die Tür öffnet.

Bringen Sie also den wichtigsten Teil Ihrer Botschaft – einen Vorteil für den Kunden – schon auf dem Umschlag zur Sprache. Verraten Sie aber in diesem Stadium noch nicht allzu viel, damit sich der Leser nicht zu früh gegen Ihr Angebot entscheidet. Machen Sie ihm vielmehr den Mund wässerig auf das, was ihn im Innern des Briefes an Vorteilen erwartet.

Texten Sie den „Türöffner" nach den gleichen Regeln wie unter B 1. bis B 5. für die Schlagzeile beschrieben. Vielleicht hatten Sie mehrere Schlagzeilen zur Wahl und können nun eine für den Umschlag verwenden? Eine Schlagzeile auf dem Umschlag muß allerdings besonders kurz sein und viel Spannung wecken.

Andere Möglichkeiten:

* Beziehen Sie die Sendung auf die Zielgruppe („Neu für Gartenfreunde")

* Machen Sie die Sendung wichtig („Kunstdruck", „wertvolle Information", oder numerierte Sendung)

* Machen Sie die Sendung pressant („Letzter Termin: 15.4.1989")

* Wörter wie Neu, Gratis, Exklusiv, Ersparnis, Jetzt testen usw. sind fast magische Appetitmacher. (Siehe auch C 6.)

G

Und wie steht's mit neutralen Umschlägen? Grundsätzlich wirkt es negativ, wenn sich Werbepost mit völlig neutralen Hüllen als Privatpost zu tarnen versucht. Der Leser baut eine hohe Erwartung auf, die dann enttäuscht wird. Die Enttäuschung überträgt sich auf Ihr Angebot.

Andererseits gibt es bei kleineren Firmen oft sehr persönliche Bindungen zum Kunden. Wo es glaubwürdig ist, daß der Chef, der Meister persönlich schreibt, ist gegen neutrale Hüllen (aber mit Absender) nichts einzuwenden. Doch auch in diesem Fall kann z.B. ein „handschriftlicher" Hinweis auf dem Umschlag den Erfolg unter Umständen noch verbessern.

G 7. Frankieren

Mit der Art der Freimachung können Sie der Sendung ein bestimmtes Gesicht geben oder einen Eindruck unterstreichen. Grundsätzlich haben Sie zwei Möglichkeiten:

* Mit Briefmarken freimachen – das wirkt sehr persönlich. Die Mühe hat aber nur einen Sinn bei privaten Empfängern – bei Post an Firmen lohnt sie sich nicht. Es wirkt auch unglaubwürdig, wenn eine große Firma ihre Briefe mit Marken freimacht.

* Freistempeln – das signalisiert „offizielle“ Post, eine Firma mit größerer Bedeutung. Diese Möglichkeit wird bei gewerblichen Empfängern bevorzugt, ist aber auch für private Empfänger angemessen.

* Massendrucksachen können Sie auch mit einem – gedruckten oder gestempelten – „Gebühr bezahlt“-Vermerk versehen. Während er gedruckt keine nachteiligen Wirkungen zu haben scheint (diese Umschläge sind sowieso meist bunt und voller Werbung), ist dies bei gestempeltem Gebührenvermerk möglich – schon weil die Auflagen hier gering sind und die Sendung persönlich wirken sollte.

* Massendrucksachen können ebenfalls freigestempelt (mit „Gebühr bezahlt“-Zusatz) oder mit Marken frankiert werden. Diese müssen aber mit einem besonderen Stempel entwertet werden – auf diese Arbeit sind nur Direktwerbe-Unternehmen eingerichtet.

G

G 8. Antwortmittel beifügen

Mit Ihrem Brief wollen Sie etwas bewirken: Der Leser soll Informationen anfordern, ein Angebot einholen, etwas bestellen, in den Laden kommen, einen Messestand besuchen...

Sie erleichtern die Reaktion ganz wesentlich, wenn Sie eine Antworthilfe beifügen: Eine Info-Abruf-Karte, einen Gutschein für ein Gratis-Angebot, einen Bestellschein. Diese Antworthilfe erhöht nicht nur die Reaktionsquote, weil sie die Antwort erleichtert, sie hat auch eine stimulierende Wirkung. Sie verhindert, daß der Brief einfach weggelegt wird und in Vergessenheit gerät.

Und sie schafft Kontakt: Der Leser, der einmal reagiert hat (und sei es auch ganz unverbindlich), verankert Ihren Namen tiefer in seinem Gedächtnis und hat bereits eine Bindung zu Ihrem Haus entwickelt. Das zeigt sich daran, daß Reagierer für spätere Werbung bedeutend aufgeschlossener sind.

Deshalb ist ein Antwortmittel auch dann nützlich, wo es nicht unbedingt erforderlich wäre: etwa zum Besuch des Ladengeschäftes, einer Messe oder anderen Veranstaltung. Ein Gutschein, ein Termin-Memo, eine Einladung mit Bestätigung, eine Kundenkarte – irgend etwas, das eingesandt oder mitgebracht werden soll – schafft Verbindung und erhöht den Erfolg.

G 9. „Begleitbriefe“

Ein Extra-Kapitel zu einer besonders vernachlässigten Sorte Brief. Wer kennt sie nicht:

„Anliegend übersenden wir Ihnen unseren neuen Katalog...“ Ja, das sehe ich auch so. „Wir haben uns mächtig angestrengt und ein einmaliges Sortiment für Sie zusammengestellt...“ Ach Gott, die Konkurrenz hat doch genau dasselbe. „...und erwarten gern Ihren gefl. Auftrag.“ Na, das kann ich mir denken.

Wozu also solche Briefe?

Manche Menschen halten es für ein Gebot der Höflichkeit, dem Kunden keinen nackten Katalog (Prospekt, Preisliste) zu schicken. Doch das wäre besser, als ihm mit unnützen Briefen die Zeit zu stehlen.

Drei Arten von Begleitbriefen sind sinnvoll:

* Aktive Verkäufer, die auch als eigenständige Werbebriefe wirken könnten,

* Briefe mit Zusatzinformationen, die aus bestimmten Gründen im Angebot nicht enthalten sind.

* Briefe, die ein für das Angebot günstiges Umfeld oder eine gute Atmosphäre verbreiten.

So oder so müssen sich Begleitbriefe an jener Elle messen, die „Nutzen für den Kunden“ heißt. Das muß kein Produktnutzen sein, es kann sich auch um Informationen handeln oder um jene Gesichtspunkte, die in der strengen Sachlichkeit eines Kataloges oder Prospektes keinen Platz haben. Viele überzeugende Begleitbriefe übernehmen deshalb den emotionellen Part, die gefühlsmäßige Einstimmung, die Ansprache der Motive als Ergänzung zur Sachinformation.

G

Es lohnt sich, wenn Sie ein bißchen Mühe darauf verwenden. Sonst könnten Sie sich den „Begleitbrief“ wirklich sparen. Besser eine Visitenkarte mit (evtl. eingedruckter) Unterschrift und einem freundlichen Gruß an den Katalog heften, als einen inhaltslosen Brief dazulegen!

H. Wie kann man Briefideen adaptieren?

Hier finden Sie Tips, wie Sie gelungene Briefe oder Briefideen für Ihre Zwecke abwandeln können.

H 1. Analysieren Sie den „Aufhänger“ (Schlagzeile oder Texteinleitung): Was wird damit ausgesagt?

H 2. Trifft diese Aussage auch das Problem, den Wunsch oder das Interesse Ihrer Kunden (Interessenten)?

H 3. Trifft die daran „aufgehängte“ Argumentation auch für Ihr Angebot zu?

H 4. Oder wie können Sie den Hauptvorteil Ihres Angebotes mit dem „Aufhänger“ des Musterbriefes kombinieren?

H 5. Streichen Sie alles durch, was auf Sie und Ihr Angebot nicht zutrifft, und schreiben Sie den Brief ohne die gestrichenen Stellen ab.

H 6. Markieren Sie mit einem grünen Stift die Wendungen, die Ihnen besonders gut gefallen und die Sie gern so ähnlich übernehmen würden.

H 7. Gehen Sie die grün angestrichenen Passagen durch: Passen die auf Ihr Angebot, Ihre Situation? Wie können Sie sie passend machen?

H 8. Mit welchen weiteren Vorteilen für den Leser könnten Sie den Text anreichern?

H 9. Was gefiel Ihnen außerdem am Originalbrief:
Der Aufbau des Briefes?
Bestimmte Redewendungen?
Die Optik?
Welche Anregungen können Sie daraus für die Gestaltung Ihres Briefes entnehmen?

H 10. Verbessern Sie den nun vorliegenden Entwurf nach den Checklisten D und E.

H 11. Gefällt Ihnen Ihr neuer Entwurf? Hat er noch das „gewisse Etwas", das Sie am Original begeisterte?

Diese Checkliste liegt dem Buch noch einmal lose bei. So können Sie gleichzeitig die folgenden Erklärungen zu jedem Punkt studieren.

Abschreiben und Adaptieren

Haben Sie sich schon mal darüber geärgert, daß ein Konkurrent Ihre Ideen schamlos kopiert? Verständlich. Wenn sich jemand den Kopf zerbricht und etwas Gutes erfindet (sei es eine Maschine oder ein Werbetext) – dann soll er auch den Nutzen davon haben. Nicht umsonst schützen auf der ganzen Welt Gesetze vor den schlimmsten Verletzungen des Urheberrechts.

Vor diesem Hintergrund sollten Sie dieses Kapitel über das Adaptieren von Briefen lesen.

Vom Abschreiben halte ich nichts. Erstens ist es keine feine Art, über dem Gedankenfeuer anderer Leute sein eigenes Süppchen zu kochen. Zweitens würden abgeschriebene Briefe auch nicht gut klingen... weil ihnen die unverwechselbare Persönlichkeit fehlt. Was den guten Brief macht, geht im Plagiat automatisch verloren.

Nun heißt Adaptieren ja nicht Abschreiben, sondern laut Duden: Anpassen. Und das heißt: Sie nutzen wohl eine fremde Idee als Saatgut – das ist immer erlaubt –, aber Sie müssen es selbst zum Pflänzchen ziehen und mit Ihrem eigenen Geist düngen, damit es in Ihrem Garten Früchte trägt.

Beobachten Sie die Briefe Ihrer Konkurrenz sehr sorgfältig – aber suchen Sie das „Saatgut“ für Ihre Werbung nicht gerade dort. Denn Ihre Werbung geht vermutlich an die gleiche Zielgruppe. Der Leser merkt schon leise Anklänge an Plagiate – und da er meistens weiß, wer zuerst da war, ist der Plagiator rasch entlarvt.

Dagegen ist es ungefährlich und es tut auch niemandem weh, wenn Sie Anregungen aus anderen Branchen nehmen. Ein Einzelhändler, dem eine Messe-Einladung gefallen hat, mag durchaus die Idee für eine Einladung ins Geschäft daraus schöpfen.

Sollten Sie mal bestimmte Formulierungen wörtlich übernehmen wollen, gehört es zum guten Ton, beim Urheber anzurufen und um sein Einverständnis zu bitten. Es weckt Sympathie, wenn Sie ein Muster vom fertigen Brief mit ein paar freundlichen Worten hinschicken. Es könnte sogar ein Gedankenaustausch entstehen, der viel fruchtbarer ist und mehr Spaß macht als der plumpe „Ideenklau".

Ich freue mich, daß wir uns darüber einig sind...!

H 1./ H 2. Analyse der Einleitung

Da der „Aufhänger“ eines Textes meist den ganzen Brief nach sich zieht – seine Diktion, seine Argumentation –, sollten Sie ihn besonders sorgfältig prüfen:

Wie gut paßt die Schlagzeile (der Einleitungssatz)

* zu Ihrem Angebot?

* zu Ihren Kunden?

Das kann durchaus auch bei völlig branchenfremden Schlagzeilen der Fall sein. Überlegen Sie deshalb zuerst einmal, welcher Gedankengang in der Einleitung steckt – analysieren Sie seine Aussage. So erfahren Sie, ob eine Situation beschrieben wird, die Ihrem Angebot adäquat ist.

Beispiele:

* Ist Ihre EDV wie ein Faß ohne Boden?

Ein „Faß ohne Boden“ bezeichnet eine Sache, in die man immer wieder Geld oder Mühe hineinsteckt, ohne daß ein Ende abzusehen ist (manchmal auch: ohne daß sich dadurch etwas ändert). Das ist eine Situation, die man nicht nur in der EDV antrifft.

* Das Büro zum halben Preis

Sie haben (wollen) ein Büro, nutzen aber eine Ganztagskraft nicht aus? Dann ist unser Sekretariats-Service maßgeschneidert für Sie...

Hier geht es darum, nur für die Zeit zu bezahlen, die man tatsächlich nutzt – und damit Kosten zu sparen. Das trifft auf zahlreiche Mietangebote zu, wo nach Zeit oder Stück bezahlt wird und Leerlauf vermieden wird. Allerdings werden Sie den Satz je nach Sachlage modifizieren müssen.

* Was liegt Ihnen näher – Hamburg, Stuttgart oder Nürnberg?

Lange Wege sind der Liebe Tod. Weil spontane Treffen an großen Entfernungen scheitern...

Hier geht es um einen Standortvorteil, um Kundennähe, verbunden mit einem kleinen Seitenhieb auf die (in den entfernteren Orten sitzende) Konkurrenz. Ein Thema, das Sie vielfach variieren können.

Was Sie bei der Analyse der Schlagzeilen merken werden: Je besser eine ist, desto angebots-spezifischer ist sie meistens... und desto schwieriger ist es, sie für ein anderes Angebot zu adaptieren.

H 3./ H 4. Paßt das Haupt-Argument?

Eine Einleitung, die nur die Aufmerksamkeit fesselt, aber keinen Bezug zum Angebot hat, ist meistens nicht gut. An der Einleitung hängt daher normalerweise ein Angebotsvorteil, ein Argument. Trifft dieses auch auf Ihr Angebot oder Ihre Kunden zu?

Bei „verwandten" Zielgruppen ist das öfter der Fall, beispielsweise wenn beide Wiederverkäufer sind. Bei sehr differenten Zielgruppen klappt der Transfer meist nur, wenn der Aufhänger keinen Bezug zur Argumentation hat.

Wenn die Argumentation nicht übertragbar ist, liegt es an Ihnen, das passende Argument zu finden. Es muß zur Schlagzeile wie auch zu Ihrem Angebot passen.

Versuchen Sie, die Schlagzeile mit einem wichtigen Vorteil für den Leser zu verknüpfen. Oder mit einem Kaufmotiv. So, wie Sie es schon bei B 1., B 2. und C 1. getan haben.

Suchen Sie aber nicht krampfhaft Übergänge und Verbindungen. Wenn es gar nicht klappen will mit dem Anschluß, verzichten Sie lieber auf die schöne Idee und formulieren Sie selbst. Ihre angebots- und kundenspezifischen Vorteile sind wichtiger als die Adaption einer noch so guten Idee.

H 5. Vom Ballast befreien

Streichen Sie alles aus dem Text, was nicht auf Ihr Produkt, Ihre Firma, Ihre Angebotsform, Ihre Kunden und deren Situation zutrifft. Dann schreiben Sie den gekürzten Text nochmals ab.

Das hat den Sinn, daß Ihnen unnütze Textpassagen nicht den Blick vernebeln. Sie können besser prüfen, ob das übrige noch gut ist. Sie sehen klarer, was an eigener Substanz fehlt.

Vielleicht brauchen Sie sogar zwei Durchgänge. Denn beim Streichen der unzutreffenden Sätze sind wahrscheinlich auch andere nutzlos geworden, die sich darauf beziehen und nur noch als „Füllsel" herumstehen. Die müssen auch raus – dann ist der für Sie verwendbare Ideengehalt ohne Ballast vorhanden.

Machen Sie sich nichts daraus, wenn der Brief jetzt nicht mehr so toll klingt. Sie haben noch einiges daran zu arbeiten.

H 6. Positives markieren

Ich habe Ihnen schon im Kapitel D 10. zur Kontrolle eigener Entwürfe vorgeschlagen, alle Sätze und Satzteile grün zu markieren, die auf Sie besonders „gut“ (d.h. überzeugend) wirken. Tun Sie das auch mit dem verbliebenen Rumpftext aus einem fremden Brief.

Damit haben Sie Passagen selektiert, die in Inhalt oder Ausdruck auf jeden Fall erhalten bleiben sollten.

Wenn Sie jetzt noch einmal die nicht markierten Passagen durchgehen, finden Sie vielleicht weitere Füllsel, die Sie streichen können.

H 7. Vorgaben nochmals checken

Jetzt, da Sie ein bißchen Abstand von der ersten Begeisterung haben, sollten Sie sich die stehengebliebenen Sätze nochmals vornehmen.

Prüfen Sie kritisch:

* Passen sie zu Ihrem Angebot?

* Passen sie zu Ihrer Zielgruppe?

* Passen sie in den Kontext?

* Passen sie untereinander zusammen?

Sie werden vermutlich einiges feilen müssen. Übertragen Sie adaptierte Passagen auch in Ihren Schreibstil. Man darf Ihrem Text das Stückeln nicht ansehen – er muß aus einem Guß sein.

H 8. Was fehlt an speziellen Vorteilen?

Den Hauptvorteil Ihres Angebotes haben Sie schon in die Einleitung eingebaut. Ist er stark genug, um den ganzen Brief zu tragen? Oder sollten Sie dem Kunden weitere Gründe für Ihr Angebot präsentieren? Bitte vergleichen Sie dazu die Hinweise unter B 8. bis B 11.

Überlegen Sie, wie Sie auch die weiteren Vorteile der Grundidee unterordnen können, wie Sie eine Beziehung zwischen Schlagzeile und Argumenten schaffen. „Verinnerlichen“ Sie sich die Einleitung und denken Sie sich einige Verknüpfungen mit weiteren Argumenten aus – auch wenn Sie letztlich wenige oder nur eines davon verwenden.

H 9. Weitere Anregungen

Vielleicht können Sie dem Original noch weitere Anregungen für Ihre Briefgestaltung entnehmen.

Zum Beispiel der Aufbau des Briefes: Erzählform oder betonte Sachlichkeit oder ein Frage- und Antwort-Spiel... Versuchen Sie, entsprechende Wirkung mit Ihren eigenen Worten zu erzielen.

Oder sind es bestimmte Redewendungen, die Ihnen gefallen haben? Etwa eine besonders originelle Anrede oder Grußformel? Kupfern Sie nicht ab, sondern passen Sie die Idee Ihrem Stil und Ihrem Angebot an.

Viel häufiger werden Ihnen vermutlich optische Details ins Auge fallen. Beispielsweise die Aufteilung und Anordnung des Textblockes, Blickstopper wie handschriftliche Ausrufezeichen oder Kreuzchen, die Farbe des Briefpapiers, ein Foto des Unterzeichners...

Prüfen Sie, ob Sie solche Anregungen sinnvoll in Ihr Konzept integrieren können. Die können selbstverständlich auch aus anderen Briefen kommen als die Grundidee. Wer auf ein kleines Archiv zurückgreifen kann, ist fein heraus.

H 10./ H 11. Abschlußprüfung

Klar, daß Sie das Resultat Ihrer Bemühung nochmals prüfen sollten. Die Checklisten D und E helfen Ihnen dabei. Haben Sie keine wichtige Erfolgsregel vergessen?

Vielleicht noch wichtiger ist, daß Sie Zeit für einen Schubladen-Test haben. (...dem Sie übrigens auch jeden eigenen Entwurf unterziehen sollten!) Legen Sie den Brief ganz einfach in die Schublade und vergessen Sie ihn für einen, besser zwei oder drei Tage.

Aus diesem Abstand wird Ihnen viel klarer, was noch zu verbessern ist. Denn Sie sehen Ihren Entwurf fast wie mit fremden Augen und haben es leichter, Kritik zu üben. Möglich ist allerdings auch, daß Ihnen der ganze Brief nicht mehr gefällt... Scheuen Sie dieses Risiko nicht. Trösten Sie sich mit dem Gedanken, daß Sie das Geld für einen schlechten Brief gespart haben – und machen Sie einen besseren.

I. Beispielsammlung

Weit mehr als tausend Werbebriefe für diese Sammlung durchzusehen war ein Schock-Erlebnis für mich. Denn bei bewußtem Sehen und Lesen merkt man erst, wie schlecht die meisten sind.

Von hundert ist vielleicht einer perfekt, vier sind gut, fünfundsiebzig halbwegs brauchbar und zwanzig sind Negativbeispiele. Kein Wunder, daß sich so viele Verbraucher von der „blöden Reklame“ belästigt fühlen.

Welche Chance, mit guten Briefen angenehm aufzufallen!

Diese Sammlung enthält nur Beispiele, die ich in ihrer Art gut finde. Dennoch möchte ich einige Vorschläge machen, wie man das eine oder andere noch verbessern könnte. Dies ist nicht unbedingt als Kritik aufzufassen. Denn ich kenne von vielen Briefen nicht die Umstände, die zu der hier gezeigten Form geführt haben.

Und außerdem: Ich kenne eine Reihe von Werbebriefen, die nicht perfekt, aber sehr erfolgreich waren. Viele Wege führen nach Rom! Den alleinseligmachenden werden Sie auch anhand der Checklisten nicht finden. Es wäre ja auch schlimm, wenn alle Briefe gleich aussähen. Tun Sie im übrigen lieber etwas 80prozentiges, als auf 100prozentige Perfektion zu warten. Daraus wird meistens nämlich – gar nichts.

Herzlich dankbar bin ich allen Firmen und Personen, die mich mit Briefmustern versorgten und mir zu wichtigen Kontakten verhalfen. Besonderer Dank geht an Herrn Heinz Fischer, Frau Edith Hallwass, Herrn Dr. Peter Haunß, Herrn Karl-Erich Jannausch, Herrn Friedhelm Neufang und Herrn Klaus Prochazka.

I

I 1. Bürotel – Brief zur Interessentengewinnung

Ein Brief, wie er sein soll:

Das Büro zum halben Preis – eine Aussage, die das Interesse des Lesers ins Zentrum trifft.

Die Einleitung nach der Anrede schildert das Problem, der folgende Text bringt die Lösung.

50% mögliche Ersparnis machen Appetit, und den Schluß bildet die Aufforderung zum Handeln.

Direkt „schulmäßig" aufgebaut – aber lebendig und individuell. Klarheit und Kürze des Textes sind der Leserschaft angemessen – Briefe an gewerbliche Empfänger sollten normalerweise nicht allzu lang sein.

Ihr Büro in guten Händen
bürotel
ehinger
Radolfzell im Hörieck
Höristraße 2
7760 Radolfzell
Tel. 0 77 32 / 40 35–36
Telex 7 93 458
Bürozeiten:
Mo–Fr 9.00–17.00 Uhr

bürotel · Ursula Ehinger · Höristr. 2 · 7760 Radolfzell

Herrn
Reiner Hager
Werbeberater
Alter Graben 9

7750 Konstanz

Radolfzell, den 11.03.1986

Das Büro zum halben Preis

Sehr geehrter Herr Hager,

Sie haben (wollen) ein eigenes Büro, nutzen aber eine Ganztagskraft nicht aus?

Dann nutzen Sie den Büro- und Sekretariatsservice nach Maß:

* Repräsentative Büro- und Besprechnungsräume.
* Ihr eigener Telefonanschluß ganztägig besetzt.
* Kaufmännisch ausgebildetes Büropersonal, 8 Stunden täglich verfügbar.
* Einsatz moderner Textsysteme, die Zeit und Geld sparen.
* Kosten nur für tatsächliche Arbeitszeiten.

Mit dem Bürotel-Service können Sie bis zu 50 % Bürokosten sparen.

Prüfen Sie das Bürotel-Angebot auf die Eignung für Ihren Betrieb. In einem persönlichen Gespräch können Sie rasch feststellen, was Sie im Vergleich zum herkömmlichen Büro sparen und gewinnen. Die Beratung ist für Sie völlig unverbindlich.

Fordern Sie einen Kostenvergleich an!

Mit freundlichem Gruß
Ihr

B Ü R O T E L

Das wirtschaftliche Büro für Unternehmer die rechnen.

Anlage
1 Info-Broschüre

Bankverbindung:
Spar- und Kreditbank Radolfzell
Kto.-Nr. 2511 8707 (BLZ 692 610 62)

12. Hannoversche Leben – Interessentengewinnung

Die Hannoversche Leben verkauft nicht über Vertreter, sondern wirbt Kunden direkt per Post. Das bedingt eine relativ umfangreiche Information, die Vertrauen erzeugt. Auf der anderen Seite schränken die Kosten bei sehr breiten, unspezifizierten Zielgruppen die Gestaltungsmöglichkeiten ein.

Diese Gründe dürften ausschlaggebend gewesen sein, hier einen gedruckten, nicht adressierten Brief zu wählen – und das auch noch in Druckschrift, weil mehr hineinpaßt.

An diesem Brief gefällt mir die ausführliche Darstellung der Vorteile für den Leser und die Beweise in Form zahlreicher Zitate aus Zeitschriften-.Vielleicht hätte man gegen Schluß nochmal deutlicher herausarbeiten können, daß tatsächlich kein Vertreter kommt und der Verzicht auf Außendienstler dem Kunden Geld spart. Das wird zwar auf der Rückseite gesagt –, aber ich finde diesen Punkt so wichtig, daß ich ihn lieber vorn als „Reaktionsverstärker“ ausführlicher behandelt hätte.

Hannoversche Lebensversicherung
auf Gegenseitigkeit

Hannoversche Leben

Suchen Sie eine „erste Adresse" für Ihre nächste Lebensversicherung?

Dann bewerben wir uns bei Ihnen. Ungewöhnlich günstige Lebensversicherungen sind seit vielen Jahren unser Erkennungszeichen. Fachleute sehen in uns einen der leistungsstärksten deutschen Lebensversicherer.

Unsere neuen Tarife – wieder mit Extras
Überall lesen Sie jetzt von neuen Lebensversicherungs-Tarifen. Weil die Lebenserwartung gestiegen ist, kann für den gleichen Beitrag eine höhere Versicherungssumme garantiert werden. Für Frauen noch mehr als für Männer. Wer schon versichert ist, erhält zum Ausgleich eine höhere Gewinnbeteiligung.

Das war uns nicht genug. Wir haben unsere neuen Tarife mit zusätzlichen Vorteilen ausgestattet:

1. Niedrigere Tarifbeiträge – weil wir mit geringeren Kostensätzen kalkulieren.
2. Hohe Gewinnbeteiligung für jedes Versicherungsjahr, auch schon für das erste.
3. Hohe Rückvergütungen bei Kündigung. Wichtig, wenn Sie ihre Versicherung vorzeitig beenden müssen.
4. Sofort-Gewinnbeteiligung zur Risiko-Lebensversicherung und zur Berufsunfähigkeits-Zusatzversicherung.
5. Keine „Antragsbindung". Im Klartext heißt das: Wer bei uns einen Versicherungsantrag unterschreibt und es sich dann anders überlegt, kann ohne weiteres zurück.

Zusätzlich ein Vertrauensbonus
Eine kapitalbildende Lebensversicherung läuft viele Jahre. Was später bei Vertragsablauf insgesamt herauskommen wird, hängt vom künftigen Geschäftsverlauf ab und läßt sich im voraus nur unverbindlich darstellen. Das Wirtschaftsmagazin „DM" gibt dazu in Heft 10/87 einen Rat:
„Bei der Wahl der Gesellschaft sollte sich der Kunde nicht nur von den erwarteten hohen Zahlen für die Zukunft beeindrucken lassen, sondern auch immer einen Seitenblick auf die Zahlen der Vergangenheit werfen." Gemeint ist: Was zahlt eine Gesellschaft heute tatsächlich an einen Kunden, dessen vor 20 oder 30 Jahren abgeschlossene Versicherung nun abgelaufen ist?

Solche rückblickenden Leistungsvergleiche sind von der Wirtschaftspresse und von Testzeitschriften wiederholt angestellt worden **– regelmäßig mit besten Zeugnissen für die Hannoversche Leben –** (z. B. „Capital" 2/84, „Wirtschaftswoche" 22/85, „Capital" 1/86, „test" 2/86, „DM" 10/87).

Unsere Spitzenplätze machen deutlich, wie gut wir seit Jahrzehnten wirtschaften und die Überschüsse an unsere Kunden zurückführen. Das erklärt zugleich den Vertrauensbonus, den wir durch unsere beständigen und hohen Leistungen erwerben konnten. Er kann für Sie eine Entscheidungshilfe sein: Unsere erfolgreiche Vergangenheit ist eine gute Voraussetzung auch für die Zukunft.

Gern erläutern wir Ihnen unser Angebot näher und rechnen Ihre persönlichen Zahlen aus.
Verwenden Sie einfach die vorbereitete Postkarte. Kurz darauf kommt unsere Antwort in Ihren Briefkasten, für Sie unverbindlich und kostenlos. Bis dahin vermittelt Ihnen unser Prospekt einen Eindruck.

Mit freundlichen Grüßen
Hannoversche Lebensversicherung a. G.

(Dr. Henning) (Loheide)

Hannoversche Lebensversicherung a. G.
vormals Preußischer Beamten-Verein
Aegidientorplatz 2 A · Postfach 25 29
3000 Hannover 1 · Telefon (05 11) 80 07-0

Vorsitzender des Aufsichtsrats: Erhard Bouillon
Vorstand: Dr. Wilhelm Henning (Vors.),
Gerhard Große-Loheide, Karl-Heinz Minkwitz;
Dr. Eckart Frhr. von Uckermann (stv.)

Sitz des Vereins:
Hannover
Registergericht:
Hannover HRB 3413

1.88

13. CAIB – Neukundenwerbung, Gesprächseinladung

Wenn diese Schlagzeile kein Beweis für die Wirksamkeit bildhafter Vergleiche ist...! Ein allgemein bekanntes Problem wird „sprichwörtlich“ dargestellt.

Aber dann geht's ganz seriös weiter. Vielleicht ein bißchen zu seriös, als ob der Schreiber vor seinem eigenen Mut erschrocken wäre. So wirken die folgenden Sätze teils etwas schwerfällig. Sie sind zu lang und dadurch unnötig kompliziert. Schade!

Dennoch sind die Probleme des Lesers eindeutig und verständlich angesprochen, und die Kommunikation auf Geschäftsleiterebene verträgt schon eine komplexere Sprache.

Partner zur Lösung komplexer Probleme

Computer
Anwendung
Industrie
Beratung

CAIB GmbH, Oststraße 42, D-7101 Abstatt

Teledata
- Geschäftsleitung -
Kochendorfer Str. 40

7107 Neckarsulm

Ku/b-E66 18. September 1981

Ist Ihre EDV wie

EIN FASS OHNE BODEN?

Sehr geehrte Damen und Herren,

vielleicht stellt sich auch in Ihrem Hause die Frage, ob die Leistung Ihrer Datenverarbeitung noch in der richtigen Relation zu den damit verbundenen Kosten steht oder ob der erzeugte Output der Datenverarbeitung den Bedürfnissen der Fachabteilungen überhaupt noch gerecht wird.

Falls Sie ebenfalls Überlegungen dieser Art anstellen, sollten Sie den beigefügten Informationsbrief über unsere Beratungsleistung

WERTANALYSE DES EDV-EINSATZES

d.h. die Überprüfung der Kosten-Nutzen-Relation der EDV und Aufzeigen von Maßnahmen zur Verbesserung sorgfältig lesen.

Bei vielen unserer Klienten hat es sich gezeigt, daß es sich wirklich lohnt, einmal durch externe, neutrale Spezialisten überprüfen zu lassen, ob die oftmals vorhandene Lücke zwischen den Wünschen des Managements und der Fachabteilungen gegenüber der Leistung des Computers nicht geschlossen werden kann.

Gerne unterstützen wir Sie bei der Lösung dieser komplexen Problematik und nehmen Ihren Terminvorschlag für ein Informationsgespräch gerne entgegen.

Mit freundlichen Grüßen

ppa. Kugler

Wilhelm H. Kugler

Anlagen: Informationsbriefe
Antwortkarte

14. CAIB – Einladung zu Gespräch und Besichtigung

Die Schlagzeile dieses Briefes bezieht ihre Dramatik aus einer scheinbaren Absurdität: Ein chaotisches Lagersystem – und damit machen die auch noch Werbung? Aber es ist zugleich ein Fachterminus, und der Computer behält in diesem Chaos sehr wohl die Übersicht.

Man kann also den Dialog auch mit Fachbegriffen eröffnen, die nicht von vornherein verständlich sind – aber Voooorsicht!

Wie im vorhergehenden Brief der gleichen Firma fällt die Spannung nach der Schlagzeile ab, die auf Dramatik eingestellten Erwartungen des Lesers werden nicht recht erfüllt.

Es liegt wiederum daran, daß die Sätze zu lang und zu kompliziert gebaut sind: Der erste und der zweite Absatz bestehen jeweils nur aus einem Satz. Gekürzt oder auf mehrere Sätze verteilt würde sich das besser lesen.

Dennoch eine gelungene Einladung, finden Sie nicht?

Partner zur Lösung komplexer Probleme

CAIB

Computer
Anwendung
Industrie
Beratung

CAIB GmbH, Oststraße 42, D-7101 Abstatt

Teledata
- Geschäftsleitung -
Kochendorfer Str. 40

7107 Neckarsulm

Ku/b-E77 16. Oktober 1981

CHAOTISCHES LAGERSYSTEM
im Hause MLF, Ludwigsburg

Sehr geehrte Damen und Herren,

seit 10 Jahren erarbeiten wir vorwiegend für mittelständische Unternehmen wirkungsvolle und kostenoptimale Lösungen für betriebsindividuelle Probleme im Bereich der Organisation und elektronischen Datenverarbeitung.

Bei der Firma MLF, Metall- und Lackierwarenfabrik, in 7140 Ludwigsburg ist es uns gelungen, für das Problem der

- Lagerbestandsführung
- und Lagerplatzoptimierung

im neu eingerichteten Hochregallager eine technologisch wirkungsvolle und wirtschaftlich optimale Lösung zu konzipieren und schlüsselfertig zu realisieren und einzuführen.

Auch Ihnen stellen wir gerne unsere Erfahrungen für die Lösung Ihrer betriebsindividuellen Probleme zur Verfügung.

Gerne möchten wir Ihnen dieses neue System im praktischen Einsatz bei der Firma MLF vorstellen und laden Sie hierzu ein. Erste Informationen können Sie beigefügtem Prospektmaterial entnehmen. Weitere Informationen erhalten Sie nach Rücksendung der beiliegenden Antwortkarte. Mit Interesse erwarten wir Ihre weitere Nachricht und verbleiben

mit freundlichen Grüßen

ppa. Kugler

Wilhelm H. Kugler

Anlagen: Informationsbriefe
Antwortkarte

15. Aquarell-Verlag – Neukundenwerbung

Ein Brief, der im Original schon durch die farbig „aquarellierte" Ecke hohen Aufmerksamkeitswert hat. Etwas störend ist jedoch die Bezugszeichen-Zeile, die Schlagzeile und Brieftext stark voneinander trennt.

Als Schlagzeile wurde hier ein Zitat eingesetzt. Eine gute Methode – wenn man ein passendes findet! (Es gibt Bücher, die dabei helfen.) Besonders gut sind populäre und stark pointierte Zitate.

Ein bißchen mehr Mühe hätte man sich vielleicht beim Beschreiben der Produktvorteile geben können. „Hoher Gebrauchswert" und „optimale Qualität" sind Allerweltsbegriffe, die nicht viel sagen. Wie wäre statt dessen z.B. „seine liebevoll gemalten Bilder ziehen den Blick immer wieder an" – ist das nicht hoher Gebrauchswert?

Sehr positiv empfinde ich die Sätze „Ein Werbemittel, das auf sympathische Weise Ihren guten Namen 365 Tage lang bei Ihren Kunden präsentiert" und „Wir freuen uns auf Ihre Wünsche". Der eine operiert geschickt mit der Eitelkeit des Lesers („Ihren guten Namen"), jedoch ohne dick aufzutragen. Und der Schlußsatz drückt die kundenfreundliche, servicebetonte Haltung des Unternehmens aus.

Grafischer Betrieb
für hochwertige Kalender
Qualitätsdruckerzeugnisse
Creativ-Studio

AQUARELL VERLAG

Aquarell Verlag und Druckerei GmbH, Postf. 9, 6970 Lauda-Königshofen

"Ohne Werbung Geschäfte zu machen ist so,
als winke man einem Mädchen im Dunkeln zu.
Man selbst weiß zwar was man will, aber
niemand sonst." Steward Henderson Britt

Ihre Nachricht	Ihr Zeichen	Unser Zeichen	Bearb., ☏ Hausapp.	Tag
---	---	gf/ve	G. Fischer/16	09.05.88

Sehr geehrte Damen und Herren,

wir möchten Ihnen helfen Ihre Werbung noch gezielter, verlustfreier und damit gewinnbringender einzusetzen.
Es gibt kaum ein Werbemittel, das dieses Versprechen besser hält als ein Kalender, vorausgesetzt, es ist der richtige.
Daher stellen wir Ihnen heute unsere ORIGINAL-AQUARELL-KALENDER vor.

Der hohe Gebrauchswert, die aktuellen Themen "Natur und Umwelt", sowie optimale Qualität, im künstlerischen, wie auch im technischen Bereich, zeichnen unsere Kalender aus.
Ein Werbemittel, das auf symphatische Weise Ihren guten Namen 365 Tage lang bei Ihren Kunden präsentiert.

Haben wir Sie neugierig gemacht? Dann fordern Sie unseren Programm-Kalender an. Er möchte Sie über unsere gesamte Palette informieren. Selbstverständlich schicken wir Ihnen auch gerne Original-Kalender:

> Einfach den Coupon auf dem letzten Blatt ausfüllen und in einem Fensterbriefumschlag stecken.

Wir freuen uns auf Ihre Wünsche.

Ihr
AQUARELL-VERLAG UND DRUCKEREI GMBH

G. Fischer

Gerhard Fischer
(Verkaufsleitung)

6970 Lauda-Königshofen (Gewerbegebiet) · Deubacher Str. 7 · Postfach 9 · Tel.-Sa.-Nr. 09343/665 · Telex 689506 aquad · Telefax 09343/4846 · psi-Anschlußfirma

Geschäftsführer: Alfons Hauck · Sitz der Gesellschaft: Lauda-Königshofen · Registergericht: Amtsgericht Tauberbischofsheim HRB 129-T

16. Rosemarie Bär – Gewinnung von Nebenverdienst- Interessierten

Frau Bär schreibt mit diesem Brief frischgebackene Eltern an. Gewiß eine ausgezeichnete Zielgruppe, wenn man einen Nebenverdienst zu bieten hat.

Mit diesem Beispiel möchte ich Ihnen zeigen, wieviel Atmosphäre ein ganz einfach vervielfältigter Brief verbreiten kann. Fühlt sich nicht jeder – vor allem aber ein junges Elternpaar – berührt von der Zeichnung und der Mühe, die sich die Absenderin mit dem Gedicht gemacht hat?

Gewiß, die Verse holpern mitunter. Aber darauf kommt es überhaupt nicht an. Ich meine sogar, daß ein „perfektes" Gedicht an dieser Stelle weniger glaubwürdig wäre und der Schreiberin weniger Sympathie eintragen würde.

Nicht nur Privatleute dürfen so persönliche Briefe verfassen. Mancher Geschäftsmann könnte seine Briefe ab und zu mit einer selbstgefertigten Illustration oder einem Verschen auflockern. Wie gesagt, es muß nicht perfekt sein; dennoch ist etwas Selbstkritik vonnöten. Auf jeden Fall müssen solche Briefe ebenso zur Zielgruppe wie zur Person des Absenders passen.

R. Bär, Altweg 10, 7837 Eichstetten

Familie Reinheimer
Reutebachgasse 72

78800 Freiburg

Rosemarie Bär

Altweg 10
7837 Eichstetten
T: 07663/2677

Eichstetten, 22.02.1988

Liebe Eltern,

immer, wenn ein Mensch geboren,
bringt er Freude in die Welt.
Doch auch Sorgen hat man dann,
denn es geht ums liebe Geld.

Kinderwagen, Bettchen, Windeln
ganz so billig ist das nicht.
Und im Lauf der ersten Wochen
kriegt das Geld ein neu Gewicht

Zwar gibt unser Vater Staate
auch ein kleines Scherflein zu.
Doch als Eltern merkt man schnell dann,
daß auch dieses weg im Nu.

Da auch ich dies alles kenne
heute meinen Rat an Sie:
Nutzen Sie die Freizeit sinnvoll
mit einem Zweiteinkommen "gewußt wie".

Möchten Sie nun Näheres wissen
über wie und wo und wann,
Rufen Sie ganz einfach mal
mich bei mir zu hause an.

Wenn Sie nun korrekt und offen
und auch zuverlässig sind
haben wir auch eine Chance
für die Eltern und das Kind.

Mit freundlichen Grüßen

Rosemarie Bär

I 7. Data Images – Interessentengewinnung

Mir gefällt dieser Brief, weil er – wie übrigens die meisten guten aus dieser Sammlung – den wichtigsten Angebotsvorteil in die Schlagzeile stellt. Vielleicht würde sie noch packender wirken, wenn man erste und zweite Zeile vertauschte...? Jedenfalls: Man weiß gleich, worum es geht – und ist gespannt, wie die das machen.

Es scheint aber, als hätten Techniker eine gewisse Schwäche für überladene Sätze – und so dämpft auch hier der erste Satz nach der Anrede die Leselust erheblich. (Ähnlich wie bei den Briefen I 3 und I 4.) Was da an Gehalt drinsteckt, hätte man einfacher sagen können.

Ansonsten sind die Vorteile und Möglichkeiten des Angebots gut und klar herausgearbeitet. Gut auch die Aufforderung zum Anrufen mit Wiederholung der Telefonnummer.

DATA IMAGES

Data Images
audiovisuelle Kommunikation GmbH

Ein Unternehmen der
Kohlhammer Gruppe

Heßbrühlstraße 69 A
Postfach 80 04 30
7000 Stuttgart 80

Telefon: 07 11/7 86 32 93
Telefax: 07 11/7 86 32 63
Telex: 7255820

ProMailing
z.H. Herrn Hager
Alter Graben 9

7750 Konstanz

18. September 1987

3D-Computer-Grafik und Computer-Animation -
endlich in wirtschaftlichen Dimensionen

Sehr geehrter Herr Hager,

wo seither handwerkliche, technische und wirtschaftliche Gegebenheiten Grenzen setzten, eröffnet Ihnen Data Images jetzt völlig neue, bislang unvorstellbare visuelle und produktionstechnische Möglichkeiten.

Das Zauberwort heißt "Medienverbund". Für unsere 3D-Computer-Grafiken und Computer-Animationen übernehmen wir Ihre Vorlagen nahezu in jeder Form - und wir geben jeden gewünschten Output. Wir verarbeiten Zeichnungen, Fotografien, Dias, Filme, Videos, in zunehmendem Maße auch Ihre CAD-Daten, einfach nur Ihre Idee oder gar das Objekt selbst - wir können alles einlesen.

Sind die Daten erst einmal generiert, stehen sie jederzeit zu jeder nur denkbaren Bearbeitung zur Verfügung. Unser flexibler Medienverbund ermöglicht es Ihnen, kostengünstig und nach Belieben von Medium zu Medium zu springen. Eine Animation können Sie zum Beispiel als Video oder als 35mm-Film erhalten. Aus der Animation heraus erstellen wir Dias in den unterschiedlichsten Formaten - Dias, die Sie wiederum als Durchsichtsvorlage für den Printbereich nutzen können. Auch der direkte Ausgang auf einen Scanner ist möglich. Und, und, und... Dieser Mehrfachnutzen bedeutet eine enorme Kostenersparnis!

Was Computer-Grafik-Animation alles leistet, brauchen wir Ihnen als Werbespezialisten nicht darzulegen. Erwähnen möchten wir aber doch, daß wir mit der vollkommensten Hard- und Software arbeiten, die der Weltmarkt derzeit bietet - in der höchsten Auflösung, die heutzutage überhaupt möglich ist.

Wenn Sie mehr über uns erfahren möchten oder vielleicht gerade ein Produktionsproblem haben, rufen Sie uns doch einfach einmal an. Ihr direkter Draht zu den Spezialisten für machbare Wunder: (07 11) 7 86 32 93.

Mit freundlichem Gruß

Micaela Gutbrod

Amtsgericht:
Stuttgart HRB 12422

Geschäftsführer:
Dr. Jürgen Gutbrod
Hans-Joachim Nagel

18. Berlitz – Kundengewinnung und -aktivierung

Mit diesem lückenhaften Text darauf hinzuweisen, welche Folgen lükkenhafte Sprachkenntnisse haben – ein Geniestreich!

Besser kann man weder Interesse wecken (ich möchte wetten, auch Sie haben gleich angefangen, den Text zu ergänzen) noch den Beweis für seine Aussagen führen. So kommt man oft durch längeres Nachdenken über Produkt und Produktnutzen zu außergewöhnlichen Formen der Darstellung.

Die Berlitz-Leute haben noch ein übriges getan und für die Lösung des „Rätsels" eine Prämie ausgelobt. So beschäftigt man sich noch länger mit dem Lücken-Text. Auch die Wahl der Prämie ist produktnah und verspricht einen weiteren Werbe-Effekt. Geschickt ist die Plazierung im PS.

Offensichtlich kann man bei Berlitz nicht nur sprechen.

BERLITZ

BERLITZ SCHOOLS
OF LANGUAGES GMBH
OBERNSTRASSE 23
4800 BIELEFELD
TELEFON (0521) 63053/54

Bielefeld, im Oktober 1986
ww/be

Sehr   Damen   Herren,

erschrecken   bitte   , wenn   diesen   von Berlitz   , der   viele Lücken   , die   das Verständnis   Lesen sehr erschweren. Ihre   Annahme vielleicht   , daß uns   Textverarbeitungscomputer   Streich gespielt hat. Nein, ist   nicht. Es   vielmehr   Absicht, Sie   diesen Lücken   konfrontieren,   die Kommunikation   gerade erleichtert. Oder   doch?

Wir möchten Ihnen nämlich einmal vor Augen führen, wie sich lückenhafte Sprachkenntnisse anhören und ganz entscheidend die Kommunikationsfähigkeit herabsetzen.

Wenn also Sprachkenntnisse in Ihrem Unternehmen wichtig sind und Sie vielleicht den Verdacht haben, daß der Kenntnisstand erfolgsmindernde Lücken aufweist, empfehlen wir Ihnen zunächst eine Bestandsanalyse, mit der Sie sich eine Übersicht über Soll und Ist der Sprachfähigkeiten Ihrer Mitarbeiter verschaffen können (siehe Anlage). Selbstverständlich sind wir Ihnen bei der Diagnose behilflich und machen Ihnen auch maßgeschneiderte Therapievorschläge. Dürfen wir Sie in den kommenden Wochen einmal anrufen und unsere Programme vorstellen – **lückenlos**.

Mit freundlichen Grüßen

BERLITZ SCHOOLS OF LANGUAGES GMBH

Rüdiger Rettberg
(Direktor)

P.S. Wenn Sie diesen Brief um die Lücken ergänzt zurückschicken, erhalten Sie von uns das unterhaltsame, informative Buch "Die wunderbare Welt der Sprachen" von Charles Berlitz.

BANKKONTO: DRESDNER BANK, BIELEFELD (BLZ 480 800 20) 239.271.900
SITZ FRANKFURT/MAIN · AMTSGERICHT FRANKFURT/MAIN HRB 12287 · GESCHÄFTSFÜHRER WOLFGANG WIEDELER

19. IBICO – Neukundenwerbung

Dieser Brief wurde sowohl mit Adresse und Anrede als auch ohne verschickt. Wenn Sie die Adresse abdecken, sehen Sie, daß der Brief dank seiner interessanten Schlagzeile den „Interessefaktor Adresse“ nicht unbedingt nötig hat.

Hier wird in der Schlagzeile bereits die Problemlösung versprochen. Die Argumentation – der ganze Text – ist einleuchtend und einfach. Man liest ihn rasch und mühelos. Kein großes Tamtam – das macht ihn sympathisch.

Mit einer namentlichen Anrede hätte er noch persönlicher wirken können. (Zumindest bei eigenen Adressenbeständen sollte man immer den Ansprechpartner nennen.) Auch der volle Name der Unterzeichnerin in Klarschrift unter der Unterschrift würde die persönliche Note verstärken. Es gibt ja auch immer wieder mal Leute, die sich mit Fragen an den Briefschreiber wenden wollen.

Inter Binding GmbH & Co. Vertriebs-KG

ibico®

7891 Lottstetten, Industriestraße 36

Friedrich Maier GmbH
Verkaufsleitung
Uhlandstr. 18

7012 Fellbach

Lottstetten, 30. Juni 1987

Wie aus Ihren Angeboten Aufträge werden

Sehr geehrte Damen und Herren!

Das Los zahlloser Angebote: Sie gehen einfach unter. Verschwinden in einem Stapel von Papier.

Wenn Sie Ihren Offerten, Preislisten, Prospekten, Katalogen, Dokumentationen dieses Schicksal ersparen wollen, sollten Sie sie mit einem farbigen Binderücken versehen - am besten in Ihrer Firmenfarbe.

Die Erfolgsquote steigt; denn statt die Unauffindbarkeit mit vagen Ausreden vertuschen zu müssen, genügt ein Griff und Ihr Gesprächspartner hat Ihr Angebot (das mit dem grünen oder blauen oder roten Binderücken!) zur Hand.

Am besten, Sie machen einen Test. Sie werden erstaunt sein, wie positiv Ihre Kunden reagieren.

Mit freundlichen Grüßen

Marder

PS: Wenn Sie die Kommunikation mit Ihren Gesprächspartnern verbessern und Ihre Erfolgsquote erhöhen wollen, schicken Sie uns umgehend die beigefügte Probierkarte.

Kommanditgesellschaft, Sitz Lottstetten, Registergericht Waldshut-Tiengen, HRA 754, pers. haftende Gesellschafterin: Inter Binding GmbH; Sitz Lottstetten, Registergericht Waldshut-Tiengen HRB 188, Geschäftsführer: Dr. U. Wolfensberger + Ilona Marder.
PC-Nr. 1935 66-750 (BLZ 660 100 75) Karlsruhe · Bankkonto: Bayrische Vereinsbank 7700 Singen, Kto.-Nr. 881 5674 (BLZ 692 201 86)
Telefon 07745/610-610 · Telex 7921450 · Telefax 07745/610-500 · BTX-Nr. *2822261# · Telegramme: ibico Lottstetten

I 10. Allgemeine Kreditversicherung – Kundengewinnung

Ist das Kundenproblem – Zahlungsunfähigkeit ausländischer Geschäftspartner – nicht glänzend in die Schlagzeile „übersetzt“ worden?

Die überraschende „Bankrott-Erklärung“ wirkt viel stärker als ein Satz wie „Wie Sie sich gegen Insolvenzen Ihrer Auslandskunden absichern können“.

Ebenso glänzend die Überleitung von den verschiedenen Sprachen zur internationalen Erfahrung des Unternehmens.

Der Brief ist außerdem ein Musterbeispiel dafür, daß

a) auch komplizierte Themen einfach darzustellen sind,
b) auch Versicherungen (Banken gleichermaßen) einen flüssigen, unkonventionellen Stil pflegen dürfen.

Oder finden Sie, das wirkt unseriös?

Möglicherweise hätte man die Aufforderung zum Reagieren etwas dringlicher und deutlicher fassen können. Für den Interessenten wäre es zumindest ein psychologischer Vorteil, am Briefschluß den Namen und die Durchwahl des zuständigen Sachbearbeiters zu finden.

Allgemeine
Kreditversicherung
Aktiengesellschaft

60 Jahre Erfahrung

Firma
Günter Reitermann
Präsident Messwerkzeugfabrik
GmbH & CO KG
Herforder Str. 12

4973 Vlotho

600383

Zweigniederlassung
Bielefeld

Marktstr. 19
4800 Bielefeld 1

Unsere Zeichen
99

Ihre Zeichen

Gesprächspartner(in)

Ihr Schreiben vom

Telefon
(06131) 143-
(0521) 6 80 97

Datum
10.11.1986

bancarotta, faillite, smash, quiebra - Pleite

Sehr geehrte Damen und Herren,

das Wort hat in jeder Sprache einen anderen - aber immer schlechten - Klang. So stellt sich auch ein Insolvenzfall in jedem Land anders dar.

Da mag ein Exporteur noch so sehr versuchen, die Bonität seiner Handelspartner gründlich zu prüfen - er hat es sehr schwer, denn die Uhren im Ausland gehen anders.

Schlechtere Informationen, schwierigere Rechtsverfolgung, unwirksamer Eigentumsvorbehalt, Sprachschwierigkeiten - nur einige Stichworte für das erhöhte Auslandsrisiko.

Hier können wir Ihnen mit unserer Ausfuhrkreditversicherung helfen - zugeschnitten auf Ihr Unternehmen. Wir kennen die Exportrisiken genau, über unsere internationalen Verbindungen.

Bitte rufen Sie uns einfach an oder schreiben Sie uns.

Mit freundlichen Grüßen

ALLGEMEINE KREDITVERSICHERUNG
AKTIENGESELLSCHAFT
Zweigniederlassung Bielefeld

I 11. Holzmann Verlag – Interessentengewinnung

Auf den ersten Blick hat die Schlagzeile nichts mit der Zeitschrift „texten + schreiben" zu tun, für die hier geworben wird. Sie provoziert erst einmal – und zieht den Leser dadurch in den Brieftext hinein. Erst später wird der Zusammenhang sichtbar.

An diesem Brief fällt auf, daß vom Nutzen der Fachzeitschrift, von ihren Zielen und Inhalten nicht die Rede ist. Aber: er macht neugierig. Und mehr soll er auch gar nicht. Denn die Strategie ist hier, erst einmal qualifizierte Interessenten für Probehefte ausfindig zu machen. Aus diesem Interessentenkreis hofft man dann leichter Abonnenten zu gewinnen.

Es ist deshalb schlüssig, in einem solchen Brief nicht viel zu versprechen. Je vorteilhafter man in dieser Stufe das Angebot darstellt, desto mehr unqualifizierte Interessenten würden angelockt, die später wieder abspringen.

Ein gut dosiertes „Appetithäppchen" also.

texten + schreiben

Zeitschrift für gutes Deutsch und wirksamen Text

Juni 1987

Arbeitszeit verkürzen heißt Arbeitsplätze schaffen - im Ausland.

Sehr geehrte Damen und Herren

Sachverhalte kurz und prägnant auf den Punkt bringen, das ist eine feine Sache, die einem leider nicht immer gelingt - vor allem aber fällt sie einem nicht von allein in den Schoß.

Unaufdringliche **Hilfe bietet hier 'texten + schreiben',** die Zeitschrift für gutes Deutsch und wirksamen Text. So auch im neuesten Heft. Beispielsweise mit dem Beitrag "Am schlimmsten ist der Schluß - Könner steuern von Anfang an auf die Pointe zu", aus dem auch die Überschrift dieses Briefes stammt.

'texten + schreiben' zeigt in diesem Beitrag an verschiedenen Beispielen, wie man auf Pointen hinarbeitet und sie einsetzt - obwohl oder gerade weil "die **Pointe das ist, was einem nicht einfällt, wenn man es am dringendsten braucht."**

Wenn Sie mehr darüber lesen wollen: ein Heft mit diesem Beitrag liegt für Sie bereit, und ein weiteres noch dazu - beide kostenlos zum Kennenlernen. Benutzen Sie die beigefügte Anforderungskarte, und dann viel Spaß beim Lesen.

Mit freundlichen Grüßen

Gerald Schmidt
Vertriebsleiter

Im gleichen Heft: Die Technik macht vieles möglich - texten kann sie nicht.

Hans Holzmann Verlag GmbH & Co KG
8939 Bad Wörishofen
Gewerbestraße 2
Telefon: (0 82 47) 3 54-0
Telegramme: holzmannverlag badwoerishofen, Telex: 5 39 331
Telekopierer: (0 82 47) 3 54-1 70
Teletex 824781 HHV-HDS

Bankverbindungen:
Sparkasse Bad Wörishofen
101 709 (BLZ 731 517 50)
Volksbank Bad Wörishofen
0 201 901 (BLZ 731 917 00)
Bayerische Hypobank Bad Wörishofen
2 080 173 604 (BLZ 734 205 46)
Commerzbank Augsburg
1 158 500 (BLZ 720 400 46)

Postgirokonto:
München 179 30-807
(BLZ 700 100 80)
für Zahlungen aus Österreich:
Österr. Postsparkassenamt Wien
1337 198;
für Zahlungen aus der Schweiz:
Postscheckamt Zürich 2,
Nr. 80-547 43

HR Amtsger. Memmingen HRA 5059
Komplementär
Holzmann Verlag GmbH
Bad Wörishofen
Amtsger. Memmingen HRB 5009

Hans Holzmann Verlag
Der Partner, der Impulse gibt.
Für Handwerk, Dienstleistung und Industrie

I 12. Holzmann Verlag – Interessentengewinnung

Viele Wege führen nach Rom... Ein Brief mit der gleichen Aufgabenstellung wie I 11. Aber die Vorzüge der Lektüre des Handwerk-Magazins werden detailliert dargestellt.

Vielleicht brauchen die Handwerker stärkere Anreize, um überhaupt zu reagieren. Vielleicht hatte man aber auch mit dem erwähnten Heft einen solchen Trumpf in der Hand, daß man damit besonders viele Interessenten zu überzeugen dachte. Oder vielleicht testet man einfach verschiedene Konzepte nebeneinander.

Mir persönlich gefällt dieses Konzept noch besser als das von „texten + schreiben“. Ich finde lediglich das dominierende Datum und den „Stempel“ unmotiviert. Der Stempel stiehlt den nebenstehenden, viel gewichtigeren Argumenten die Schau.

Gut ist auch die Idee, mit einem Bild des Redakteurs Kontakt zu knüpfen.

handwerk magazin Für mehr Erfolg im Betrieb!

Gerd-Ulrich Brandenburg
Chefredakteur

Mai 1988

Es ist soweit: Jetzt müssen Sie Ihre Steuerstrategie für die kommenden Jahre festlegen,

sehr geehrter Handwerksmeister.

Weil mit der Steuerreform und dem neuen Bilanzrichtliniengesetz erhebliche Veränderungen eintreten, die Sie schon jetzt berücksichtigen und sich zunutze machen sollten. Vor allem: Nutzen Sie noch schnell alle die Steuersparmöglichkeiten, die künftig wegfallen.

'handwerk magazin' zeigt Ihnen im Mai-Heft auf 14 Seiten unter dem Titel "Korrigieren Sie jetzt die Bilanz", was Sie alles beachten müssen, um nicht nur heute, sondern auch morgen möglichst günstig bei den Steuern davonzukommen.
Zum Beispiel, wie Sie

- Gebäude richtig aufteilen
- mit Maschinen manipulieren
- das Lager günstig bewerten
- für faule Kunden Vorsorge treffen
- möglichst viele Rücklagen retten
- notwendige Rückstellungen bilden
- die Branchenrichtwerte im Auge behalten.

Für das gesamte deutsche Handwerk empfohlen

Und 'handwerk magazin' zeigt Ihnen alles so, daß Sie damit auch etwas anfangen können.

Am besten, Sie schauen sich dieses Heft einmal selbst an. Sie können es kostenlos zum Kennenlernen erhalten. Benutzen Sie die beigefügte Bestellkarte. Sie werden sehen: Es lohnt sich, 'handwerk magazin' zu lesen.

Mit freundlichen Grüßen

Gerd-Ulrich Brandenburg
Chefredakteur

PS: Im Mai-Heft stellen wir übrigens auch ein neues Finanzierungsmodell für Existenzgründer vor: Mehr Geld, weniger Risiko.

I 13. – 16. Ort Offsetdruck – Neukundengewinnung

„Einmal ist keinmal“ sagt der Volksmund. Auch um qualifizierte Kontakte zu schaffen, genügt selten der einmalige Anstoß. Mehrmaliger Kontakt summiert sich in der Wirkung. Auch mehrere Argumente verankern sich besser im Gedächtnis, wenn sie auf mehrere Briefe verteilt sind.

Es ist vorteilhaft, wenn die Briefe einer Serie ein durchgehendes Merkmal haben – in der Form, in der Diktion, im Aufhänger. Der Leser erinnert sich dann besser an die vorangegangenen Folgen.

In der Einsicht, daß mittlere Druckereien meist eine vergleichbare Maschinenausstattung haben und Vergleichbares leisten können, hat man hier als Aufhänger den „Spaß am Drucken“ gewählt. Er zieht sich wie ein roter Faden durch die Serie, begründet Qualität, wird auf günstige Preise bezogen. Technische Highlights werden so erklärt, daß der Vorteil für den Kunden sichtbar wird.

Für das Antworten wird eine historische Karte versprochen - ein Schmuckstück für Büro oder Wohnung, die ständig dezent an den Drukker erinnert. Neben diesem Verstärker ist ein Filter eingebaut: Das Einsenden der Karte zieht den Besuch des Chefs nach sich. Das wird aber nur auf der Antwortkarte erwähnt. Viele Außendienst-Ankündigungen kranken daran, daß dieser Besuch im Mittelpunkt des Briefes steht – statt daß man etwas über das Angebot erzählt.

Liest man gern, diese Briefe – nicht wahr?

Qualitätsdrucke
für Industrie und Verlage

Ort Offsetdruck KG Carl-Benz-Straße 12 · 7750 Konstanz

Ort Offset Druck KG

Carl-Benz-Straße 12
D-7750 Konstanz
Tel. 07531/62044

Sparkasse Konstanz 93 500
BLZ 690 500 01

Postscheck Karlsruhe
KLRH 54295-754

Herrn
Reiner H. Hager
c/o Werbeagentur Hager
Alten Graben 9

7750 Konstanz

Ihr Zeichen | Ihre Nachricht vom | Unser Zeichen | Datum 29.08.1988

Alle, die es gut mit mir meinen,

sehr geehrter Herr Hager,

haben mir abgeraten, Ihnen diesen Brief zu schreiben. Beispielsweise

- meine Frau: "Der ist bestimmt schon mit einem anderen Drucker verheiratet!"
- mein Buchhalter: "Überzeugen kann man nur mit Preisen."
- mein Chefdrucker: "Über Qualität kann man nicht reden - wir können's nur in der Praxis beweisen."

Recht haben sie alle miteinander. Darum möchte ich gar nicht erst versuchen, Sie mit dem Weihrauch des Selbstlobs zu benebeln. Sondern Ihnen nur eine ganz schlichte Tatsache nahebringen: Wir haben einfach Spaß am Drucken. Vielleicht unterscheiden wir uns darin von anderen Druckereien.

Was man mit Freude tut, wird wirklich gut... daher die Qualität vom ersten bis zum letzten Bogen. Daher die unkomplizierte Abwicklung vom Litho bis zum Postaufliefern. Daß auch ein fairer Preis dazugehört, versteht sich am Rande - denn niemand kann sich einen teuren Spaß leisten.

Wir würden Ihnen gern beweisen, daß Drucken auch Ihnen als Auftraggeber Spaß machen kann. Wenn Sie mir die beiliegende Karte zurückschicken, bekommen Sie eine Gratisprobe davon. Ich freue mich auf Ihre Antwort!

Vielen Dank - und freundliche Grüße
Ihr

Klaus Ort

PS.: Haben Sie Spaß an einer historischen Bodenseekarte? Das dekorative Stück im Format 50 x 75 cm bekommen Sie gern. Bitte einfach mit der beiliegenden Karte anfordern!

Handelsregister Abt. HRA 506,
Geschäftsinhaber Klaus Ort, Konstanz

Qualitätsdrucke
für Industrie und Verlage

Ort Offsetdruck KG · Carl-Benz-Straße 12 · 7750 Konstanz

Herrn
Reiner H. Hager
c/o Werbeagentur Hager
Alten Graben 9

7750 Konstanz

Carl-Benz-Straße 12
D-7750 Konstanz
Tel. 07531/62044

Sparkasse Konstanz 93500
BLZ 690 500 01

Postscheck Karlsruhe
KLRH 54295-754

Ihr Zeichen | Ihre Nachricht vom | Unser Zeichen | Datum 05.09.1988

Sie sollten es nicht leicht nehmen,

sehr geehrter Herr Hager,

wenn Ihr Drucker ungern dünne Papiere verarbeitet. Denn Gewicht kostet Geld - vor allem, wenn die Drucksache per Post verschickt wird. Da kann ein halbes Gramm zuviel gleich ein paar Tausender kosten.

Aber die Qualität...?

Für uns sind die Zeiten, als leichte Papiere der Schrekken jedes Druckers waren, längst vorbei. Wir finden optisch anspruchsvolle und griffsympathische Papiere auch mit 50 g/qm. Und treten jederzeit den Beweis an, daß wir darauf genau so fein drucken wie andere auf 70grämmiges. Was ein schwerwiegender Vorteil ist:

4 Blatt A 4, 50 g/qm, Karte, Umschlag = 20 g
4 Blatt A 4, 80 g/qm, Karte, Umschlag = 27,5 g

Macht bei 10000 Massendrucksachen 3000 DM Ersparnis...
oder Sie bekommen fürs gleiche Geld 60% mehr Werbefläche.
Und das auch schon bei niedrigen Auflagen, weil wir rationell vom Bogen drucken.

Sparen macht Spaß! Kosten Sie ihn mal so richtig aus.
Lassen Sie uns über Ihren nächsten Auftrag reden...
vielleicht sind sogar mehr als 3000 Emmchen drin.

Vielen Dank für Ihre Antwort -
und freundliche Grüße
Ihr

PS.: Haben Sie Spaß an einer historischen Bodenseekarte? Das dekorative Stück im Format 50 x 75 cm bekommen Sie gern. Bitte einfach mit der beiliegenden Karte anfordern!

Handelsregister Abt. HRA 506,
Geschäftsinhaber Klaus Ort, Konstanz

Qualitätsdrucke
für Industrie und Verlage

Ort Offsetdruck KG Carl-Benz-Straße 12 7750 Konstanz

Herrn
Reiner H. Hager
c/o Werbeagentur Hager
Alten Graben 9

7750 Konstanz

Carl-Benz-Straße 12
D-7750 Konstanz
Tel. 07531/62044

Sparkasse Konstanz 93500
BLZ 69050001

Postscheck Karlsruhe
KLRH 54295-754

Ihr Zeichen | Ihre Nachricht vom | Unser Zeichen | Datum
12.09.1988

Passen Sie auf,

sehr geehrter Herr Hager,

daß es Ihr Drucker nicht zu bunt mit Ihnen treibt. Im Ernst: Vierfarbige Bilder werden üblicherweise in einer Technik gedruckt, die viel zu viel Farbe aufs Papier bringt.

Was in der Praxis bedeutet, daß fein gezeichnete Bilder gern versoßen und die Tiefen "absaufen". Und daß schon bei geringsten Farbschwankungen die Schokolade lila und die Gesichter grün werden.

Wir bei Ort arbeiten nach einem Verfahren, das die Fachleute "Unbunt-Aufbau" nennen. Es kommt mit einem Bruchteil der üblichen Farbmenge aus. Für Sie hat das drei sichtbare Qualitätsvorteile:

* Die Farben sind feiner und klarer nuanciert.
* Die Bilder sind kontrastreicher und besser durchgezeichnet.
* Die Farbhaltung ist zuverlässig vom ersten bis zum letzten Bogen.

So setzen wir moderne Technik zur Freude unserer Kunden ein. Denn unbestritten macht das Drucken einfach mehr Spaß, wenn man der Qualität sicher sein darf.

Probieren Sie mit Ihrem nächsten Auftrag einfach mal aus, wie gut dieses Gefühl tut. Ich würde Ihnen gern beweisen, daß "Spaß am Drucken" ein ernstgemeintes Versprechen ist.

Vielen Dank für Ihre Antwort - und freundliche Grüße
Ihr
Klaus Ort

PS.: Haben Sie Spaß an einer historischen Bodenseekarte? Das dekorative Stück im Format 50 x 75 cm bekommen Sie gern. Bitte einfach mit der beiliegenden Karte anfordern!

Handelsregister Abt. HRA 506.
Geschäftsinhaber Klaus Ort, Konstanz

Qualitätsdrucke
für Industrie und Verlage

Ort Offsetdruck KG · Carl-Benz-Straße 12 · 7750 Konstanz

Herrn
Reiner H. Hager
c/o Werbeagentur Hager
Alten Graben 9

7750 Konstanz

Ort Offset druck KG

Carl-Benz-Straße 12
D-7750 Konstanz
Tel. 07531/62044

Sparkasse Konstanz 93500
BLZ 690 500 01

Postscheck Karlsruhe
KLRH 54295-754

Ihr Zeichen | Ihre Nachricht vom | Unser Zeichen | Datum 19.09.1988

Der Spaß kann ziemlich teuer kommen,

sehr geehrter Herr Hager,

wenn "billig" das einzige Kriterium für die Vergabe von Druckaufträgen ist. Was nützt der Superpreis, wenn frische Gesichter im Prospekt plötzlich totenblaß aussehen? Wenn die neuen Preislisten zur Messe nicht fertig sind? Oder wenn man von ungeahnten Nebenkosten erschlagen wird?

Die grauen Haare und den Verschleiß des Nervenkostüms möchten wir Ihnen gern ersparen. Darum spielen wir uns gar nicht erst als Billiger Jakob auf. Wir produzieren Qualität - weil uns das Drucken Spaß macht. Daß diese Qualität trotzdem günstig ist, dafür gibt es ganz reelle Gründe.

Zum Beispiel eine hochmoderne Maschinenausstattung mit elektronischer Farb- und Register-Fernsteuerung. Sie bringt

* wesentlich kürzere Rüstzeiten
* exakte Farbhaltung über die gesamte Auflage
* weniger Makulatur durch Einrichten und Farbabweichungen
* genaue Wiedereinstellung der Farbführung bei Nachdrucken
* geringeren Farbverbrauch

- also praktische Vorteile, die der Qualität zugute kommen und gleichzeitig den Preis günstig machen.

Wenn Preis und Qualität stimmen, macht das Drucken wirklich Spaß. Fragen Sie mal unsere Kunden - oder besser: Probieren Sie es selbst aus. Vielleicht bei Ihrem nächsten Auftrag?

Auf ein Gespräch freut sich
Ihr

Klaus Ort

PS.: Wenn Sie nicht nur auf günstige Druckpreise, sondern auch auf nostalgische Landkarten abfahren - Ihre "Gratis-Fahrkarte" liegt bei. Bitte gleich absenden!

Handelsregister Abt. HRA 506,
Geschäftsinhaber Klaus Ort, Konstanz

I 17. RENA – Neukundenwerbung

Ein guter Aufmacher, der die Motive Egoismus und Verantwortungsbewußtsein gleichzeitig anspricht. Wer wollte nicht Geld sparen und die Umwelt schonen? Auch der Begriff Recycling ist positiv geladen.

Wirklich nur um eine Kleinigkeit besser könnte der Brief mit einem einfacheren Einleitungssatz sein. Etwa so: Nur weil ein bißchen Farbe fehlt, müssen Sie die teuren Farbband-Kassetten Ihrer Drucker nicht wegwerfen...

Auch das PS ist durch die abstrakten „Produkte im Bereich Adressierung/Etikettierung und Papier-Nachbearbeitung“ ein bißchen spröde. Ich könnte mir eine etwas lebendigere Darstellung vorstellen, wenn man beschrieben hätte, was diese „Produkte“ leisten – oder wie.

Der sympathische Eindruck wird dadurch nicht getrübt – höchstens das Interesse an den Zusatzprodukten nicht genug gefördert.

RENA Informationstechnik
GmbH & Co. KG
Bahnhofsplatz 3
8024 Oberhaching

Qualität seit 1931

Telefon (089) 613002-0
Telefax (089) 6136168
Telex 524152

RENA Informationstechnik · Postfach · 8024 Oberhaching

Johs. Fuchs KG
Maschinenfabrik
Einkaufsleitung
Industriestraße

7525 Bad Schönborn

Ihre Nachricht

Ihre Zeichen

Unsere Zeichen

Oberhaching 11.07.1988

Geld gespart und Umwelt geschont!
RENA Farbband-Recycling

Sehr geehrte Damen und Herren,

die aus teurer Mechanik und einwandfreiem Gewebe bestehenden Farbband-Kassetten Ihrer Drucker müssen Sie künftig nach dem ersten Gebrauch nicht mehr wegwerfen, nur weil die Farbe fehlt. RENA bietet Ihnen eine neue Lösung!

Mit
RENA Farbband-Recycling

Mit unserem neuen Farbband-Recycling-Gerät tragen Sie nicht nur zur Schonung Ihres Budgets, sondern gleichzeitig auch zur Schonung der Umwelt bei!

Verlängern Sie die Lebensdauer Ihrer Gewebefarbbänder um das 10-fache!
Schon ab 10 Kassetten pro Monat interessant!

Senden Sie noch heute die ausgefüllte Antwortkarte zurück und Sie erhalten unser unverbindliches Angebot.

Mit freundlichen Grüßen

RENA INFORMATIONSTECHNIK
GMBH & CO KG

Dipl. Kfm. Ralf Besold

Anlagen

PS: Kennen Sie übrigens schon unsere Produkte im Bereich Adressierung/Etikettierung und Papier-Nachbearbeitung?

RENA Informationstechnik GmbH & Co. KG
Sitz: Oberhaching

Amtsgericht München HRA 14528
SWIFT-Adresse: BVBE DE MM

Bayer. Vereinsbank München S 1219
PSchA München 36060-805

I 18. Colorset – Interessentengewinnung

Gut plaziert an Stelle der Adresse ist die Schlagzeile, die die wichtigsten drei Angebotsvorteile aufzählt – aber so zwanglos, daß es gar nicht wie eine Aufzählung wirkt. Diese kurze, aber nicht zu knappe Information setzt sich im Brief fort. Hier werden eine ganze Reihe Vorteile genannt, ohne daß eine ermüdende Aufzählung entsteht. Es ist eine logisch entwickelte und geschickt verbundene Argumentationskette.

Allerdings wäre der 2. und 3. Absatz noch ein bißchen kundenfreundlicher formuliert, wenn man die Sätze vom Wir-Stil in den Sie-Stil umgedreht hätte.: „...können Sie sich über noch kürzere Produktionszeiten freuen" oder ähnlich. Damit hätte man wohl auch die „substantivische" Ausdrucksweise vermieden (Nutzung, Einsatz, Fertigung...).

Die Preisliste wird am Schluß sehr interessant gemacht. Ich kann mir kaum vorstellen, daß dieses Angebot einen Leser kalt läßt, der entsprechenden Bedarf hat.

Nicht zuletzt wirkt die große, gut lesbare Schrift positiv auf mich.

colorset
Ing. Klaus Wegner
Systemdruck und Verlags GmbH

Brillante Vierfarbdrucke,
auch in kleiner Auflage,
zum günstigen Festpreis ...

Danziger Straße 7
3000 Hannover 91 (Wettbergen)
Telefon (0511) 43 13 55

6. April 1987
rö/mr

...dieses Motto steht seit vielen Jahren für unsere spezialisierte Produktion guter und preisgünstiger Farbdrucke, einschließlich Farbreproduktion, nach fester Preisliste.

Durch die Nutzung der neusten Elektronik im Bereich der Farbauszüge und durch den Einsatz fortschrittlicher Vierfarbmaschinen konnten wir unsere Fertigung noch stärker rationalisieren und die Produktionszeiten weiter senken.

Im Normalfall wickeln wir alle Aufträge einschließlich der Farbreproduktion innerhalb von 8 Arbeitstagen ab. In besonders eiligen Fällen haben wir uns aber auch schon mal gewundert, was alles machbar ist.

Zu dem günstigen Preis und der schnellen Produktion kommt die einfache Abwicklung: Sie senden uns Ihre Reinzeichnungen mit den Dias oder Farbbildern und erhalten in wenigen Tagen die fertigen Werbedrucke.

Viele Grafiker und Werbeagenturen in ganz Deutschland nutzen bereits diese interessante Produktionsmöglichkeit.

Fordern Sie mit der beiliegenden Antwortkarte unsere informative Colorset-Preisliste mit einigen Mustern aus der täglichen Produktion an. Diese Beispiele zeigen Ihnen die vielfältigen und interessanten Einsatzmöglichkeiten von Colorset-Farbdrucken.

Wir freuen uns auf Ihre Nachricht.

Mit freundlichen Grüßen

Wegner

Geschäftsführer
Wolfgang Römer, Klaus Wegner
Amtsgericht Hannover HRB 0374

I 19. FAZ – Abonnentenwerbung

Hier sollen Firmen dafür gewonnen werden, ihren jüngeren Mitarbeitern die „Frankfurter Allgemeine" zu lesen zu geben.

Dieser Brief hat zwei starke optische Blickfänge: Den Einleitungstext „Unsere Frage" oberhalb der Adresse (man fängt hier zu lesen an) und das dem Text unterlegte Foto des Irrgartens. Prinzipiell sind das gute Ideen. Nur haben sie weder einen rechten Bezug zueinander noch zum Text. Wie leicht hätte man die Idee des „roten Fadens" oder den „Irrgarten der Informationen" als textlichen Aufhänger nutzen können!

So bleibt die Frage unbeantwortet, und das Foto erschwert nur das Lesen des guten Textes. Schade drum! Auch ein kluger Kopf zerbricht sich denselben ungern beim Rätseln über die Absichten des Werbenden.

Ungewöhnlich ist an diesem Brief auch die Kombination von Adressierung und Illustration. Der Brief verliert dadurch seinen individuellen Charakter. Aber Sie können das durchaus machen, wenn Ihnen die Illustration wichtiger ist als die Individualität.

Besonders gut ist im letzten Absatz der Übergang vom SIE zum „ich" – nicht WIR! – in Verbindung mit der Namensnennung sowie die „Verbannung" der Firmenangaben in die Fußleiste. Andernfalls würde der Brief kopflastig und ein Teil der Aufmerksamkeit von der Schlagzeile abgezogen.

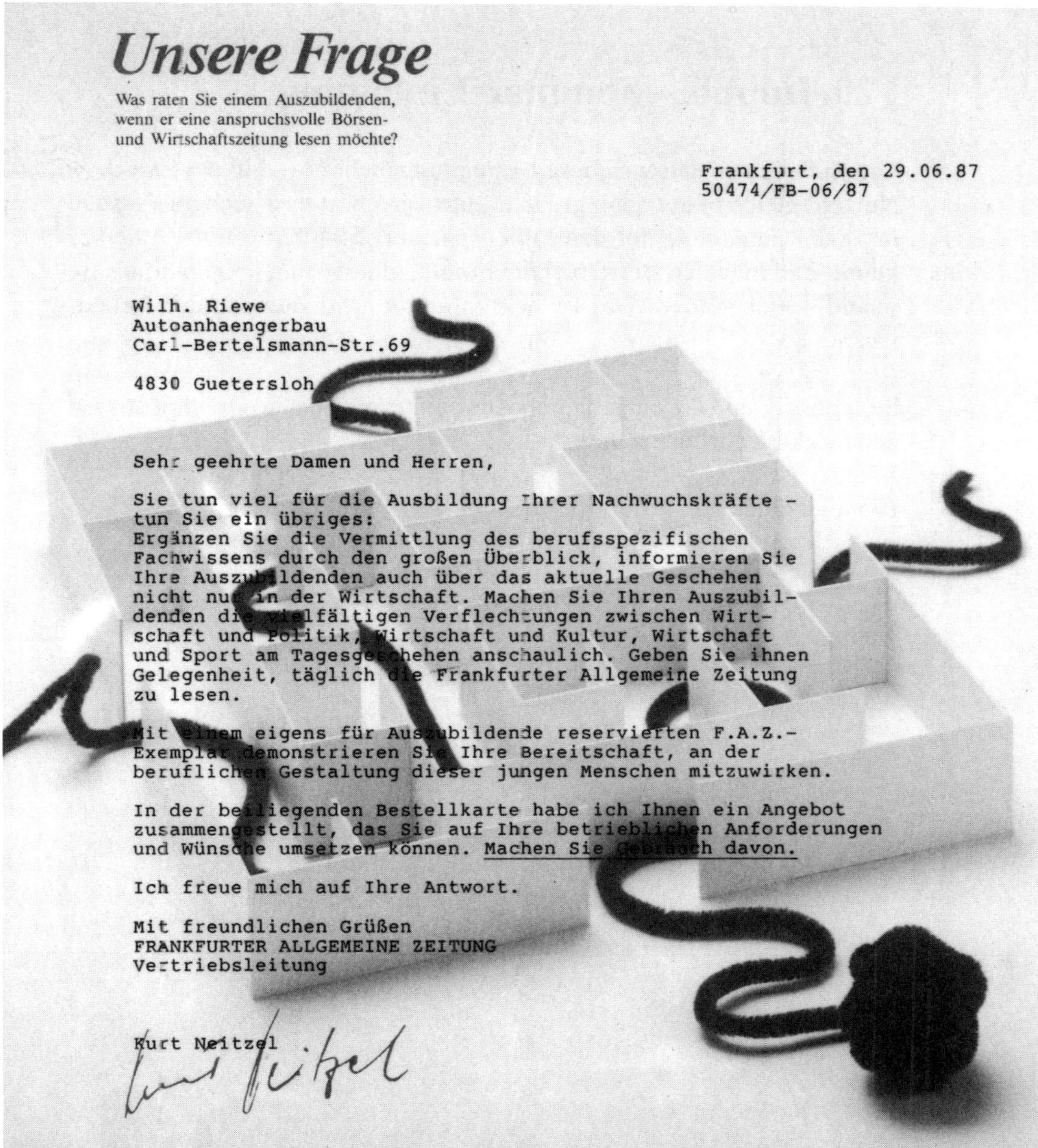

Unsere Frage

Was raten Sie einem Auszubildenden, wenn er eine anspruchsvolle Börsen- und Wirtschaftszeitung lesen möchte?

Frankfurt, den 29.06.87
50474/FB-06/87

Wilh. Riewe
Autoanhaengerbau
Carl-Bertelsmann-Str.69

4830 Guetersloh

Sehr geehrte Damen und Herren,

Sie tun viel für die Ausbildung Ihrer Nachwuchskräfte - tun Sie ein übriges:
Ergänzen Sie die Vermittlung des berufsspezifischen Fachwissens durch den großen Überblick, informieren Sie Ihre Auszubildenden auch über das aktuelle Geschehen nicht nur in der Wirtschaft. Machen Sie Ihren Auszubildenden die vielfältigen Verflechtungen zwischen Wirtschaft und Politik, Wirtschaft und Kultur, Wirtschaft und Sport am Tagesgeschehen anschaulich. Geben Sie ihnen Gelegenheit, täglich die Frankfurter Allgemeine Zeitung zu lesen.

Mit einem eigens für Auszubildende reservierten F.A.Z.-Exemplar demonstrieren Sie Ihre Bereitschaft, an der beruflichen Gestaltung dieser jungen Menschen mitzuwirken.

In der beiliegenden Bestellkarte habe ich Ihnen ein Angebot zusammengestellt, das Sie auf Ihre betrieblichen Anforderungen und Wünsche umsetzen können. Machen Sie Gebrauch davon.

Ich freue mich auf Ihre Antwort.

Mit freundlichen Grüßen
FRANKFURTER ALLGEMEINE ZEITUNG
Vertriebsleitung

Kurt Neitzel

Frankfurter Allgemeine
ZEITUNG FÜR DEUTSCHLAND

Hellerhofstraße 2-4 · Postfach 10 08 08 · 6000 Frankfurt am Main 1 · Telefon 0 69 / 7 59 10
Frankfurter Allgemeine Zeitung GmbH, HRB 7344, Amtsgericht Frankfurt am Main · Geschäftsführer: Reinhard Mundhenke, Hans-Wolfgang Pfeifer
Klaus Rudloff, Generalbevollmächtigter: Dietrich Ratzke

I 20. Impuls – Seminar-Einladung

Gut finde ich an dieser Seminar-Einladung nicht nur, daß der Zweck (= Nutzen) gleich in der Schlagzeile erklärt wird, sondern auch die Ausdehnung der Einladung auf den Lebenspartner. Man hat offensichtlich erkannt, daß in vielen Betrieben die Frauen mitarbeiten und ebenfalls Bescheid wissen sollten. Das PS begründet die Einladung an den Lebenspartner.

Sehr positiv sind die eingebauten Kundenurteile, die die Qualität des Angebots glaubwürdig machen.

Ein überzeugender Brief!

JÖRG GODENRATH

IMPULS seminare

IMPULS seminare Postfach 11 03 33 4800 Bielefeld 11

Firma
Jänsch & Ahrensmeyer
Geschäftsleitung
Gänsekamp 37

4952 Porta Westfalica

4. Febr. 1987

Wie Sie Ihren Unternehmenserfolg absichern können

Tagesseminar in Bielefeld für Sie und Ihren Lebenspartner *)

Sehr geehrte Damen und Herren,

es gibt tatsächlich Unternehmen, die machen Gewinn und trotzdem Konkurs.
Ein Widerspruch ? - Nein, denn häufiger Grund ist

" K a p i t a l n o t "

Wie Sie als zielstrebiger Unternehmer durch erfolgreiches Verhandeln mit Banken und Kreditinstituten optimale Konditionen zur Finanzierung Ihrer Investitionen oder zur Erhöhung der Liquidität erzielen, erfahren Sie in meinem Seminar

"Erfolgreich mit Banken verhandeln".

Ihre Kollegen, die das Seminar besucht haben, urteilen so:

Empfehlenswert und sehr empfehlenswert	90 %
Es hat mir großen Nutzen gebracht	80 %

Damit auch Sie das praxiserprobte know.how zum souveränen Gespräch mit Geldinstituten nutzen können, melden Sie sich bitte mit der beigefügten Antwortkarte an.
Sie erhalten dann umgehend meine Bestätigung, daß ich Ihnen Ihren Seminarplatz reserviert habe.

Mit freundlichen Grüßen

Godenrath

*) ...damit Sie eine Sprache mit Ihrem "Geldlieferanten" sprechen.

Bank: Volksbank Brackwede
BLZ: 480 913 15
Telefon: 05205 - 5355
Kto-Nr.: 70 263 501

I 21. Schasiepen – Seminar-Einladung

Eine völlig andere Seminar-Einladung als I 20. Eine „ganz gewöhnliche“, wie man beim Vergleich auf den ersten Blick sagen würde. In der Tat, sie ist nüchtern und ohne besondere texterische Höhenflüge – aber ihre Klarheit ist positiv zu bewerten.

Und sie hat – wenn man auch die Sätze der beiden ersten Abschnitte noch einfacher hätte schreiben können – nichts von der langweiligen Gestelztheit, mit der große EDV-Hersteller oft zu Seminaren einladen.

Die Darstellung des Nutzens ist vielleicht etwas zu knapp weggekommen. Die Telefonnummer von Frau (oder Herrn) Schafberg wäre für eventuelle Rückfragen nützlich. Gut dagegen die Begrenzung der Teilnehmerzahl – sie macht ein bißchen Druck auf die Anmeldung.

„Eines schickt sich nicht für alle...” –, und so gibt's auch nicht nur ein Rezept für ansprechende Briefe.

Schasiepen
MODERNE BUROKOMMUNIKATION

Carl Schasiepen GmbH
Niederwall 43–45
4800 Bielefeld 1
Telefon (05 [illegible]
Telex [illegible]

Karl-Erich Jannausch GmbH
Direktwerbung
Herrn Jannausch
Mittelweg 3

4973 Vlotho

26. Mai 1987
li-schu

Einladung zum Seminar "Dokumenten Ablage- und Suchsystem"

Sehr geehrter Herr Jannausch,

durch die ständig wachsende Informationsmenge werden viele Unternehmen und Verwaltungen vor die Frage gestellt, nach einer Lösung zur wirtschaftlichen Archivierung von Schriftstücken zu suchen.

Das Softwarepaket **DRS (Dokument Retrieval System)** für die ERITRON-Rechnerfamilie ist die neue Form der Dokumentenverwaltung zur Informationsablage und Informationswiedergewinnung.

Zu diesem aktuellen Thema veranstalten wir ein Seminar

am: **10. Juni 1987**

im: Hotel Mercure

Neustädter Straße 25
4800 Bielefeld 1

zu dem wir Sie recht herzlich einladen. Näheres entnehmen Sie bitte dem beigefügten Seminarprogramm.

Der Teilnehmerkreis ist auf 20 Personen begrenzt. Bitte bestätigen Sie uns eine Teilnahme mit beiliegender Antwortkarte.

Mit freundlichen Grüßen

Carl Schasiepen GmbH
Sekretariat

i. A. Schafberg

Anlagen

I 22. Streit – Einladung zur Produkt-demonstration

Ein Bürofachgeschäft lädt zur Demonstration eines offensichtlich „alleskönnenden" Farbkopierers ein. Ganz richtig, daß man die überraschenden Eigenschaften des Gerätes in den Vordergrund stellt – und geschickt, daß dies in Frageform geschieht. Die pure Aufzählung wäre dagegen langweilig.

Nicht unbedingt glücklich finde ich die Wörter in Großbuchstaben – und teilweise auch noch gesperrt. Aber insgesamt leidet die Lesbarkeit kaum. Durch Nennen seiner Telefon-Durchwahl – im Briefkopf oder bei der Unterschrift – hätte Herr Brüns noch etwas mehr Kontaktfreude demonstrieren können.

Gut das PS: Es regt dazu an, sich weiter mit der Sache zu beschäftigen.

Ist Ihnen aufgefallen, daß dies eigentlich überhaupt kein Brieftext im üblichen Sinne ist, sondern fast ausschließlich eine Aneinanderreihung der Produktvorteile? Normalerweise empfiehlt sich so etwas nicht. Aber Sie sehen, wie gut es wirken kann, wenn man's richtig macht.

BÜROMARKT Streit
GMBH & CO
VERKAUFSBÜRO
RADOLFZELL

KLAUS LEITERMANN
HÖRISTRASSE 6
TELEFON 07732-2501
TELEFAX 07732-56384

Herrn
Reiner Hager
Werbeberater
Alter Graben 9

7750 Konstanz

25.08.1988
Friedhelm Brüns

E I N L A D U N G

Sehr geehrter Herr Hager,

Jetzt gibt es eine Antwort auf alle Fragen des FARBIGEN KOPIERENS

CANON COLOR LASER COPIERER. "CLC"

Fragen Sie nur.

- Sie wollen eine originalgetreue Kopie Ihres Farbfotos?
- Sie wollen es lediglich hochkant vergrößert?
- Oder rein waagerecht vergrößert?
- Oder in beiden Richtungen unterschiedlich?
- Oder über DIN A 3 hinaus?
- Etwas auf Briefmarkenformat verkleinert?
- Passend in Ihre Textspalten eingebaut?
- Oder farbige Akzente im Text?
- Eine neue Farbe auf Ihrem Foto?
- Mit einer anderen Farbabstimmung?
- Wollen Sie auf einem Schwarz-Weiß-Foto Farbe sehen?
- Oder haben Sie nur Dias, die Sie auf DIN A 3 farbig kopieren wollen?

Mit dem CANON CLC geben wir Ihnen die Antwort.

Am 31.August und 01.September 1988

im Büromarkt S T R E I T, Höristr. 6
7760 Radolfzell

Wir freuen uns auf Ihren Besuch!

mit freundlichen Grüßen

Büromarkt STREIT GmbH & Co.

Friedhelm Brüns

NS: Bitte bringen Sie Ihre eigenen Vorlagen mit.

I 23. Schaumburger Privat-Brauerei – Einladung, Kundenpflege

Zum Bockbier-Anstich kann man locker, lustig, fröhlich einladen – aber auch so gediegen, wie es die Schaumburger Privat-Brauerei hier auf einem blindgeprägten Briefbogen tut.

Ich kenne dieses Fest nicht, aber es muß eine ganz große Sache sein. Und wer dazu eine V.I.P.-Karte bekommt, die ihm alle Türen öffnet, der darf sich wohl gebauchpinselt fühlen. Eine hervorragende Art und Weise, den Kontakt mit Geschäftsfreunden zu pflegen.

Aus jeder Zeile spürt man, daß die Veranstalter sich Mühe geben. Die dezente Form der Einladung verdeckt auch nicht die Freude am Fest.

Schaumburger Privat-Brauerei

Geschäftsleitung

Stadthagen, im September '87

Was wäre der Schaumburger Herbst ohne den traditionellen Schaumburger Bockbier-Anstich?!

Eines steht heute schon fest:

Der 87er Schaumburger Privat-Bock ist wie immer vortrefflich gelungen.

Wir hoffen, diese erfreuliche Mitteilung macht Ihnen Appetit, denn am 22. Oktober um 19.30 Uhr, Einlaß ab 19.00 Uhr, eröffnen wir die Bockbier-Saison 1987.

Sie sind herzlich eingeladen, am 13. Stadthäger Bockbier-Anstich in der Festhalle von Stadthagen teilzunehmen.

Sie wissen vielleicht, welche Anziehungskraft dieses Ereignis in Stadt und Land besitzt. Einerseits freuen wir uns natürlich darüber. Andererseits bedauern wir, nicht alle Interessenten einladen zu können, weil die gewohnt-stimmungsvolle Atmosphäre bei einer zu großen Teilnehmerzahl nicht gesichert werden kann. Deshalb unsere freundliche Bitte an Sie:

Bestätigen Sie uns bitte möglichst umgehend per beiliegender Antwortkarte Ihre Teilnahme. Sie erhalten dann postwendend von uns Ihre persönliche V.I.P.-Karte, die Ihnen am Festtage alle Türen öffnet.

Um unserer Rolle als Gastgeber auch organisatorisch gerecht werden zu können, sollten Sie uns bitte mitteilen, wenn Sie nicht kommen können.

Freuen Sie sich schon heute mit uns auf ein Fest mit viel Stimmung und Spaß. Für flotte Musik sorgen die "Steigerwälder", die Ihnen ja schon von einem der letzten Festabende bekannt sind.

Wir freuen uns auf Ihr Kommen und auf Ihre Nachricht.

Mit freundlichen Grüßen

Ihre

Schaumburger Privat-Brauerei

Wiksner Lambrecht

Anlage
1 Antwortkarte

Fernruf: 05721/75013 + 75014 · 3060 Stadthagen · Postfach 366 · St. Annen 11

I 24., 25. Goldpfeil – Einladung ins Geschäft, Kundenpflege

Regelmäßig schreibt dieses Lederwaren-Fachgeschäft seinen Kundinnen und Kunden. Dabei bezieht man sich auf zuvor erschienene Anzeigen. Diese Rückkopplung zweier Medien kann deren Wirkung verstärken. (Trotzdem fragt es sich, ob es nicht psychologisch günstiger wäre, Neuigkeiten zuerst per Brief den Stammkunden vorzustellen.)

Die Form ist nicht „briefig" und auch nicht besonders persönlich – aber (sicher dem Charakter des Geschäftes entsprechend) sehr nobel. Und man trifft genau den rechten Ton.

Die Einladung zum Testen und das eingebaute Gewinnspiel aktiviert die Kunden und dürfte viele ins Geschäft gebracht haben – oder mindestens ans Schaufenster.

GOLD PFEIL

Goldpfeil Lederwaren GmbH

Liebe Goldpfeil-Kundin, lieber Goldpfeil-Kunde,

vielleicht ist Ihnen während der letzten Tage in der Zeitung unsere neue Anzeige aufgefallen. Falls nicht, haben wir sie Ihnen sicherheitshalber nochmals beigelegt. Hier dreht sich alles um die Modefarben Schwarz und Weiß, die sich gerade in dieser Saison großer Beliebtheit erfreuen.
Inzwischen ist die neue Goldpfeil-Kollektion in den „Classic Colours" Schwarz und Weiß eingetroffen. Wir laden Sie herzlich ein, mit uns eine Tasse Kaffee oder ein Glas Sekt zu trinken und bei dieser Gelegenheit die schönen Stücke etwas näher kennenzulernen. Denn Sie sollten diese Modelle schon einmal im Original gesehen, die perfekte Verarbeitung persönlich begutachtet und das noble Leder zwischen den eigenen Fingerspitzen gefühlt haben.

Wir freuen uns auf Sie!

Ihr Goldpfeil-Team Bielefeld
Bahnhofstraße 4, Tel. 05 21/6 91 87

GOLD PFEIL

Goldpfeil Lederwaren GmbH

Liebe Goldpfeil-Kundin, lieber Goldpfeil-Kunde,

vielleicht ist Ihnen gerade in diesen ersten Frühlingstagen, da Reisen und verlängerte Wochenenden geplant werden, unsere neue Anzeige aufgefallen. Richtig. Unter dem Titel „Märchenhaft leicht und unverwüstlich" haben wir Ihnen Cargo I, die neue, zukunftsorientierte Gepäck-Kollektion von Goldpfeil vorgestellt.

Die überaus praktischen Modelle von Cargo I warten darauf, von kundiger Hand auf Herz und Nieren, beziehungsweise auf Stabilität, Funktionalität und Leichtigkeit geprüft zu werden. Letzteres bitten wir Sie, durchaus wörtlich zu nehmen: Beteiligen Sie sich an unserem Gewinnspiel und schätzen Sie, wie schwer das 3er-Set von Cargo I ist. Ein Blick in unser Schaufenster hilft Ihnen weiter. Ihre Teilnahmekarte liegt bei. Als Preis winkt ein 3er-Set von Cargo I – mit dem sich fast alle Reisepläne verwirklichen lassen.

Wir freuen uns auf Ihren Besuch.
Ihr Goldpfeil-Team, Bielefeld

Goldpfeil Lederwaren GmbH
4800 Bielefeld Bahnhofstraße 4 Telefon 0521/69187

126. Braucke – Messe-Einladung

Sieht man von der Schlagzeile ab, wird der Leser mehr nebenbei auf die Messe aufmerksam gemacht. Es handelt sich eigentlich um einen selbständigen Werbebrief, der mit dem Messehinweis „angereichert" wurde.

Weil der Brief nicht vom Thema Messe zehrt, sondern sich vor allem mit dem Produkt beschäftigt, wirkt er auch gut. Nicht nur Messe-Einladungen, auch Begleitbriefe zu Informationsmaterial oder Briefe zur Außendienst-Unterstützung wirken meist besser, wenn sie als „autonome" Werbebriefe konzipiert sind.

Die Einleitung des Brieftextes hätte noch überzeugender werden können, wenn man die „namhaften Spediteure" usw. beim Namen genannt hätte.

GEBR. VOM BRAUCKE GMBH & CO KG TRANSPORTGERÄTEFABRIK

BRAUCKE
TRANSPORTGERÄTE

Gebr. vom Braucke GmbH & Co. KG · Postfach 201005 · 4800 Bielefeld 1

GESCHÄFTSLEITUNG

Mai 1986

RuXXac-Mitnahmestapler auf der TRANSPORT '86

Sehr geehrter RuXXac-Interessent,

was veranlaßt namhafte Spediteure, große Getränke-Vertriebsunternehmen, Leiter von Werkfuhrparks die Ausstattung ihrer Lkw's neu zu überdenken? Natürlich - der Zwang zum wirtschaftlichen Einsatz der Fahrzeuge.

Wirtschaftslichkeitsüberlegungen deshalb auch bei der Wahl der oft unumgänglichen Ladehilfen. Weg vom festinstallierten System - hin zum variabel einsetzbaren Gerät ohne die Zwangsanbindung an ein Fahrzeug.

Was flexible Ladehilfen heute leisten können, beweisen die RuXXac-Mitnahmestapler auf der TRANSPORT '86 vom 10.-14.Juni in München.

Finden Sie dort das RuXXac-System für Ihren Bedarf. Zum Beispiel:

***RuXXac-Mitnahmestapler mit vollelektronischem Fahrantrieb und verstellbarer Pratzenbreite**

***Wechseladapter zum variablen Huckepack-Einsatz aller RuXXac-Stapler-Typen**

***RuXXac-Mitnahmestapler mit Stützwagen, die ohne jede Veränderung am Fahrzeug bei Bedarf mitfahren**

Überzeugen Sie sich bei Ihrem Messebesuch von den Vorteilen der RuXXac-Mitnahmestapler für Ihren konkreten Anwendungsbereich.

Unsere Fachberater freuen sich auf Ihren Besuch.

Mit freundlichen Grüßen

GEBR.VOM BRAUCKE GMBH & CO KG

P.S.: RuXXac-Treffpunkt auf der TRANSPORT '86 ist der Messestand im Freigelände Block B vor der Halle 21.

I 27. Jaguar – Einladung zur Probefahrt

Unter zahlreichen Einladungen zur Probefahrt hat mir diese den besten und tiefsten Eindruck hinterlassen. Nicht nur, weil die britische Traditionsfirma zwei Seiten aufgewendet hat, um mir einen Jaguar schmackhaft zu machen. Alle anderen Beispiele dieses Genres aus meiner Musterkiste fallen so weit ab, daß ich sie nicht danebenstellen möchte.

Dieses ist erst mal ein Werbebrief für Jaguar – und als solcher ein Meinungsbildner auch bei Leuten, die nicht zur Probefahrt kommen. Es ist nicht unbekannt, daß Jaguar in der Vergangenheit große Probleme hatte. Deshalb wird versucht, das Image zu verbessern, indem man frühere Schwächen konkret anspricht. Gewissermaßen logisch folgt die Einladung, sich selbst ein Urteil zu bilden.

Neben dem lobenswerten Konzept fallen mir aber auch ein paar Schwachpunkte auf. Es will mir nicht recht einleuchten, weshalb bei einem so hochkarätigen Produkt und einer dito Zielgruppe auf die persönliche Anrede verzichtet wurde. Auch ein Datum würde diesen Brief persönlicher machen.

Die Einleitung empfinde ich – im Gegensatz zum weiteren Text – als etwas langatmig; vielleicht Geschmackssache. Der Mut zur Darstellung früherer Schwächen ist gut – aber so ganz hat man sich denn doch nicht getraut. So bezeichnet man als Vorurteil, was vor kurzem noch Realität war. Das ist nicht ganz ehrlich – und nicht ganz fair dem Leser gegenüber. Zwar wird das „Vorurteil" Nr. 1 glänzend widerlegt, aber bei Nr. 3 wird doch zugegeben, daß die Verarbeitung bisher ein Manko war. Die Entkräftung finde ich auch nicht sonderlich überzeugend. Hätte man da nicht auch das Urteil eines Dritten heranziehen können – oder Erfolge bei Rennen?

Vielleicht finden Sie diese Punkte nicht so wichtig. Ich meistens auch nicht. Aber ein so gewichtiges Schreiben liest man mit anderen Augen als einen x-beliebigen Brief, und die feinen Untertöne fallen stärker auf.

Ist der Brief nicht zu lang? Daimler-Benz of Amerika hat einen seiner größten Erfolge mit einem 8seitigen Brief erzielt. Auch dieser hier ist gewiß nicht zu lang für eine so diffizile Überzeugungsarbeit.

JAGUAR DEUTSCHLAND GMBH · POSTFACH 1233 · 6242 KRONBERG/TS.

JAGUAR

JAGUAR DEUTSCHLAND GMBH

Firma
H. Hager
Graphik-Designer
Alter Graben 9

7750 Konstanz

Unser Zeichen: Bl

Sehr geehrte Damen und Herren,

hatten Sie schon einmal die Ehre und das Vergnügen, in einem vornehmen, englischen Haus die teatime-Zeremonie zu erleben? Shocking, wenn nicht alles so ist, wie es immer war.

Wir Kontinentaleuropäer schmunzeln ja oft ein bißchen über den britischen Hang zum Traditionellen und über die beharrlichen Versuche, das liebenswerte Merry Old England in unsere Zeit hinüberzuretten. Und - Hand aufs Herz - kennen Sie nicht auch eine Menge Vorurteile über unsere "spleenigen" Vettern jenseits des Kanals?

Auch wir von Jaguar stehen auf dem Kontinent ein paar (ebenso alten wie falschen) Vorurteilen gegenüber.

Vorurteil Nr. 1: Ein Jaguar verbraucht zuviel (Der Wagen mit dem großen Durst!). Tatsache ist - wie auch die Zeitschrift "Auto-Motor-Sport" in einem Vergleichstest zwischen dem Jaguar XJ6, dem Mercedes 420 SE und dem BMW 735i feststellte: Jaguar liegt im Verbrauch unter den direkten Konkurrenten. Um eine Zahl zu nennen: Bei einer Reisegeschwindigkeit von z.B. 120 km ist sein Durst nicht größer als bei manchen Kleinen: nur 9,3 Liter!

Vorurteil Nr. 2: Sündhaft teuer. Tatsache ist: der Jaguar XJ6 kostet eher weniger als seine direkten Konkurrenten. Dabei bietet er durchweg mehr - z.B. die vielen Extras, die Sie bei anderen extra bezahlen. Oder die fast schon verschwenderische Ausstattung mit edlen Hölzern anstelle von unpersönlichem Kunststoff. Und dazu das besondere Styling, die geglückte Synthese aus Eleganz und Kraft. Mit einem Jaguar haben Sie einen Wagen von unverkennbarer "personality", einen Charakterdarsteller im grauen Meer der Gleichförmigkeit. Man erkennt ihn auf den ersten Blick.

Vorurteil Nr. 3: Schlecht verarbeitet! Vielleicht haben Sie dieses Vorurteil in den letzten Jahren weniger oft gehört. Schließlich haben moderne Produktionsmethoden nicht vor dem Kanal haltgemacht! Aber es gibt noch einen anderen Grund. Und der heißt: Sir John Egan.

Sir John ist Chairman von Jaguar. Und Sir John hat ein Faible für

Blatt 2

JAGUAR

JAGUAR DEUTSCHLAND GMBH

Blatt 2/Bl

Gründlichkeit. Und darum stellte Sir John, als er Jaguar vor acht Jahren übernahm, die Firmenhierarchie auf den Kopf. Ab sofort hatten bei Jaguar nicht mehr die Herren im grauen Flanell, sondern die Männer im weißen Kittel, die Kontroll-Ingenieure, das Sagen. Wie beim Flugzeugbau wurden die Techniker mit den Checklisten, die keinen Fehler übersehen, zur wichtigsten Gruppe in der Firma.

Sir John kann zufrieden sein mit dem Erfolg seiner "Umschichtung". Jaguar gehört heute zur Spitze im automobilen Oberhaus. Und in manchen Bereichen ist Jaguar sogar einsame Spitze.

<u>Nach soviel Vorurteilen - reizt es Sie da nicht, sich einmal selbst ein Urteil zu bilden?</u>

Einmal am Volant eines Jaguars zu sitzen, selbst zu erleben, was Kenner und Genießer als "the Jaguar-way of driving" bezeichnen: Sie drehen den Zündschlüssel. Flüsternd meldet sich der Motor - wie das Schnurren einer Katze. Sanft wie auf Samtpfoten gleiten Sie auf der Straße dahin. Just wonderful!

Viele sagen, es gibt nichts Feineres auf Rädern - es sei denn, ein anderes Jaguarmodell.

Okay - Sie können dieses einzigartige Erlebnis haben. Es kostet Sie nichts als eine freie Stunde in Ihrem Terminkalender. Im Augenblick brauchen Sie nichts weiter zu tun, als den ausgefüllten Antwort-Schein mit dem Geschenk-Gutschein im beiliegenden Antwort-Freiumschlag zur Post zu geben. Die Jaguar-Repräsentanz in Ihrer Nähe meldet sich dann bei Ihnen. Vereinbaren Sie, wann ein Jaguar für Sie startbereit sein soll.

Und damit Sie wissen, daß Jaguar auch auf dem Kontinent, fern von der Insel, an guter, englischer Tradition festhält, laden wir Sie nach Ihrer Probefahrt herzlich zu einer typisch englischen Teestunde ein - zum "early tea", zum "five o'clock tea" - wann immer Sie Zeit haben.

Sie werden der einzige Gast sein, damit wir uns Ihnen ganz widmen können. Und damit Sie in Ruhe Ihre teatime genießen und alles über Jaguar erfragen können, was Ihnen auf der Seele liegt.

Ist das nicht einen Versuch wert?

Best greetings from
Jaguar Deutschland GmbH

ppa. Peter Barton
Leiter Vertrieb

Peter Schack
Leiter Marketing

I 28. Dello – Einladung zur Autoschau

Mit diesem doppelseitigen Computerbrief – einem der ersten dieser Spezies überhaupt – hat Hamburgs größter Opel-Händler seine Kunden zur Besichtigung neuer Modelle eingeladen.

Überraschend die Form des Comic-Strips mit integriertem Kurzbrief. Bei genauem Hinsehen merkt man, daß nicht nur der Brieftext personalisiert ist (dort wird sogar die nächstgelegene Filiale genannt), sondern auch teilweise die Sprechblasen des Comics: Neben dem Namen des Lesers werden auch Modell, Alter und Kennzeichen des gefahrenen Wagens genannt.

Ziemlich aufwendig, werden Sie sagen. Doch in der Tat läßt sich Ähnliches auch in geringer Auflage relativ preiswert verwirklichen.

Wenn der Stil des Werbemittels zur Zielgruppe und zum Unternehmen paßt, könnte so ein Brief zum „Knüller" werden. Natürlich kann man so etwas nicht oft machen – aber mitunter einen Paukenschlag setzen.

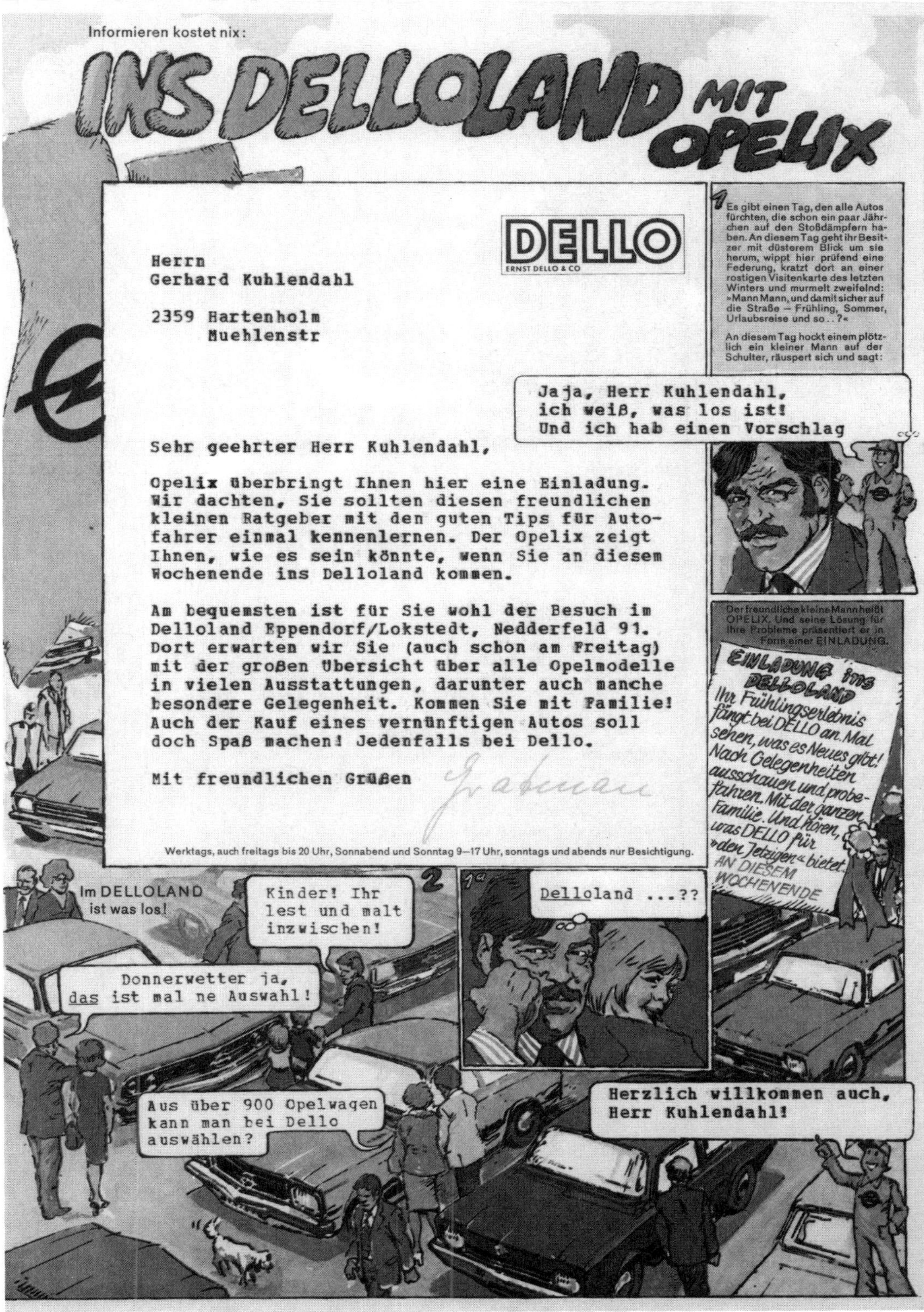

Informieren kostet nix:
INS DELLOLAND MIT OPELIX
DELLO
ERNST DELLO & CO
Herrn
Gerhard Kuhlendahl
2359 Hartenholm
Muehlenstr
Sehr geehrter Herr Kuhlendahl,
Opelix überbringt Ihnen hier eine Einladung. Wir dachten, Sie sollten diesen freundlichen kleinen Ratgeber mit den guten Tips für Autofahrer einmal kennenlernen. Der Opelix zeigt Ihnen, wie es sein könnte, wenn Sie an diesem Wochenende ins Delloland kommen.
Am bequemsten ist für Sie wohl der Besuch im Delloland Eppendorf/Lokstedt, Nedderfeld 91. Dort erwarten wir Sie (auch schon am Freitag) mit der großen Übersicht über alle Opelmodelle in vielen Ausstattungen, darunter auch manche besondere Gelegenheit. Kommen Sie mit Familie! Auch der Kauf eines vernünftigen Autos soll doch Spaß machen! Jedenfalls bei Dello.
Mit freundlichen Grüßen
Werktags, auch freitags bis 20 Uhr, Sonnabend und Sonntag 9—17 Uhr, sonntags und abends nur Besichtigung.
1
Es gibt einen Tag, den alle Autos fürchten, die schon ein paar Jährchen auf den Stoßdämpfern haben. An diesem Tag geht ihr Besitzer mit düsterem Blick um sie herum, wippt hier prüfend eine Federung, kratzt dort an einer rostigen Visitenkarte des letzten Winters und murmelt zweifelnd: »Mann Mann, und damit sicher auf die Straße — Frühling, Sommer, Urlaubsreise und so . . ?«
An diesem Tag hockt einem plötzlich ein kleiner Mann auf der Schulter, räuspert sich und sagt:
Jaja, Herr Kuhlendahl, ich weiß, was los ist! Und ich hab einen Vorschlag
Der freundliche kleine Mann heißt OPELIX. Und seine Lösung für Ihre Probleme präsentiert er in Form einer EINLADUNG.
EINLADUNG ins DELLOLAND
Ihr Frühlingserlebnis fängt bei DELLO an. Mal sehen, was es Neues gibt! Nach Gelegenheiten ausschauen und probefahren. Mit der ganzen Familie. Und hören, was DELLO für »den Jetzigen« bietet.
AN DIESEM WOCHENENDE
2
Im DELLOLAND ist was los!
Kinder! Ihr lest und malt inzwischen!
Donnerwetter ja, das ist mal ne Auswahl!
Aus über 900 Opelwagen kann man bei Dello auswählen?
1a
Delloland ...??
Herzlich willkommen auch, Herr Kuhlendahl!

Nach einer guten halben Stunde.
Ihr Wagen läuft im 3. Jahr, richtig, Herr Kuhlendahl?
Der hier gefällt mir gut. Kostet?
Gibts den auch mit Automatic?
Für das vernünftige Fahren ein DELLO-Weg zum Sparen: Opelwagen mit vielen Extras, bei denen Sie Geld sparen können – bis zu 700 Mark!
Bitte hier: Sondermodelle mit Extras, mit Automatic – zu SPARPREISEN!
Wenn Sie gefunden haben, was Sie suchen, hilft Ihnen der Kundenberater weiter.
... bei der zuverlässigen Dello-Wertschätzung ... Da ...!
Lassen Sie uns doch mal sehen, was Ihr Kadett bei Dello bringt!
Alle Achtung: das klingt gut! Ja, dann ...
Na, der bringt noch glatte DM
SE AC 766
Ja, die DELLO-Tauschpreise werden Sie überraschen. Da wird der Neue ein hübsches Sümmchen billiger! Und wenn Sie wollen, kommt eine bequeme Teilzahlung nach Ihren Wünschen und Vorstellungen hinzu. So kann man seine Urlaubskasse schonen!
Wirklich, da müssen wir am Urlaubsgeld nicht sparen!
Bei uns brauchen Sie auf den Neuen nicht zu warten, Herr Kuhlendahl...
... und nachher betreut Sie Dellos Kundendienst
Nein, Lieferzeiten gibt es bei Dello praktisch nicht. Weil im Delloland fast alle Modelle, Ausstattungen und Farben vorrätig sind. Und guten Kundendienst kaufen Sie mit.
WANN können wir das neue Auto denn abholen kommen ...??
Dello Frühling
Unbelastet in den Frühling fahren, bequem mit viel neuer Sicherheit. Bei Dello fängt das an. An diesem Wochenende.
GM
DELL
Wirklich ein Gewinn, der Besuch im Delloland!
Jetzt wissen Sie, wie es am Wochenende sein könnte. Kommen Sie, Herr Kuhlendahl?
MIT MEHR SICHERHEIT
GÜNSTIG KAUFEN
Wo ist Ihr Delloland?
Informieren Sie sich bitte auf der Rückseite!

I 29. Sigel – Verkaufsförderung und Imagepflege

Dieser Brief stellt ein Produkt vor, das für die Zielgruppe „Werbeleute" interessant ist. Gleichzeitig wird versucht, sich generell als zuverlässiger Partner für Druck und Verarbeitung zu profilieren.

Das ist hier ausgezeichnet gelungen – von der provozierenden Schlagzeile bis zum dialogfreundlichen Schluß.

Im Kapitel D 4 habe ich über treffende Adjektive und Vergleiche geschrieben. Hier finden Sie eine ganze Reihe davon – und ich muß sagen, diesmal sind es für meinen Geschmack schon fast zu viele: Im gleichen Boot sitzen, ein Ziel ansteuern, Zahnräder greifen ineinander, Sand ist beiseite zu räumen, bis der Frust kreative Ruhe hat (da ist man wohl ein wenig übers Ziel hinausgeschossen)...

Mich stört vor allem ein bißchen, daß diese Wortbilder untereinander nicht ganz harmonieren: Ich hätte vorgeschlagen, entweder die Idee mit dem Boot weiter auszubauen oder aber die Zahnräder auch in die Schlagzeile zu nehmen. (So hätte man auch schon den Aufhänger für einen der gewiß noch folgenden Briefe.)

Nichtsdestotrotz: Ein überzeugender Brief, wie man sich öfter einen wünscht.

sigel
informiert

Sigel Druck GmbH + Co Postfach 30 8851 Mertingen Telefon (0 90 06) 81-0 Telex 51 868 Telefax (0 90 06) 81-2 89

pro mailing
Herrn Reiner Hager
Am Alten Graben 9

7750 Konstanz

29.07.1988

Agenturen und Druckereien sitzen in einem Boot. Steuern beide das gleiche Ziel an?

Sehr geehrter Herr Hager,

das Aufspüren und Entwickeln erfolgreicher Direktwerbe-Kampagnen ist die Herausforderung an die Agentur. Der Beitrag der Hersteller für Direktwerbung besteht aus klaren und innovativen technischen Konzepten, hohem Qualitätsniveau, wirtschaftlicher Fertigung und Zuverlässigkeit.

Greifen diese beiden Zahnräder immer nahtlos ineinander? Oder: wieviel Sand muß man beiseite räumen bis Frust und Nerven wieder kreative Ruhe haben?

Bevor Druckmaschinen und Verarbeitungstechniken in Aktion treten, bieten wir Ihnen unsere wichtigsten Arbeitsmittel an: Ohren zum Zuhören, unser Wissen über das Machbare und den Mut für ungewöhnliche Lösungen. Rufen Sie uns einfach an, wenn Sie oder Ihre Kollegen vor einer technisch kniffligen Aufgabe stehen.

Die wirklich gelungenen Dinge sind oft ganz einfach - sagt man hinterher. Anbei finden Sie ein Muster - wir nennen es Multi-Kett. Es ist ein Beispiel für die Kombination aus Kreativität, innovativer Technik und vernünftigem Preis. Die Anwendungsmöglichkeiten sind vielfältig.

Sehr geehrter Herr Hager, ich würde mich freuen, wenn dieser Brief am Beginn eines "echten" Dialogs steht.

Mit freundlichem Gruß
spätestens bis zur nächsten Sigel-Information

Ihre Sigel Druck GmbH + Co

Kurt Pohl
Leiter Direktwerbung

EI 521

I 30. + 31. Bardens – Briefe zur Kundenaktivierung

Ja, sind denn das überhaupt Werbebriefe? Keine Beschreibung des Angebots, kein Nutzen für den Leser (und in Nr. 30 noch nicht einmal die Bitte um einen Auftrag)???

Ich glaube, mit diesen Briefen bietet Herr Bardens seinen Kunden sehr wohl einen Nutzen: Ein paar Minuten entspanntes Schmunzeln im Büroalltag. Ist das nichts?

Und nebenher liefert er den Beweis, daß niemand bessere „Storyletters" textet. Was auch auf die Qualität anderer Texte schließen läßt. (Nein, ich kenne Herrn Bardens nicht persönlich und bekomme auch keine Provision...)

Das Wesen eines story-letters ist, daß er eben nicht geradlinig aufs Verkaufen hinausläuft. Er erzählt eine Geschichte, die nicht unbedingt etwas mit dem Angebot zu tun hat und auch den Nutzen nur unterschwellig zeigt. Entscheidend ist, daß solche Geschichten kurzweilig sind und eine Brücke von Mensch zu Mensch schlagen. Sie eignen sich deshalb besonders gut, um (wie hier) die Kundenbindung zu festigen und immer wieder neu zu aktivieren.

Beispielsweise könnten viele Einzelhändler, die ein persönliches Verhältnis zu ihren Kunden pflegen, in ähnlichen Briefen über Berufsalltag und Warenkunde plaudern – und auch mal über irgendeinen Nonsens. Es hat allerdings wenig Sinn, von Herrn Bardens einen lustigen Brief texten zu lassen, wenn man ein sachlich-korrekter und knochentrockener Typ ist. Die Identität muß stimmen!

Jürgen Bardens Werbetexter **BWF**

Türkenstraße 84 8000 München 40 Telefon (089) 281907

Hans Holzmann Verlag
Frau Edith Hallwass
Gewerbestr. 2

8939 Bad Wörishofen

9.6.1987

Sehr geehrte Frau Hallwass,

als Werbetexter hat man es nicht immer leicht. Manche Kunden haben so exakte Vorstellungen von dem Text, den sie haben möchten, daß es reine Glücksache ist, sie zu treffen.

So habe ich z.B. neulich den Auftrag bekommen, einen Werbebrief für ein Messestand-System zu schreiben. Als Briefing bekam ich 2 DIN A 4 Seiten mit detaillierten Produktvorteilen und Konstruktionsmerkmalen.

Der Brief war mir gut gelungen, fand ich. Der Auftraggeber fand es auch. Nur, sagte er, ein paar mehr Produktvorteile sollten schon erwähnt werden. Also schrieb ich eine zweite Fassung. Sie war bereits anderthalb Seiten lang. Ausgezeichnet, sagte der Auftraggeber, nur die wesentlichsten Konstruktionsmerkmale müßten ja schon auch noch hinein. Meine dritte Fassung gefiel ihm nicht mehr ganz so gut. Etwas lang, fand er. Auch vermißte er den Pfiff der ersten Version.

Ich war ratlos und erwog, aus dem Fenster zu springen. Aber weil ich im ersten Stock wohne, erschien mir das auch nicht erfolgversprechend. Da kam mir eine großartige Idee: ich nahm das Briefing des Kunden, tippte es wortwörtlich auf meinen Briefbogen ab und schickte es dem Auftraggeber zu.

Am nächsten Tag erhielt ich einen Anruf. Sehen Sie, sagte mein Auftraggeber, man muß diese Kreativen nur fordern. Jetzt, wo ich etwas deutlicher geworden bin, geht es plötzlich. Warum nicht gleich so?

Nun überlege ich, ob ich nicht ein Schreibbüro aufmachen soll. Das Problem ist nur, daß es mir trotz der jahrelangen Routine nie gelingt, auch nur einen einzigen Brief ohne Tippfleher zu schreiben.

Mit freundlichen Grüßen

Konzeptionen · Anzeigen · TV-Spots · Funk-Spots · Werbebriefe · Prospekte · Broschüren · Promotions · Presse-Informationen

Jürgen Bardens Werbetexter **BWF**

Türkenstraße 84 8000 München 40 Telefon (089) 281907

Hans Holzmann Verlag
Frau Edith Hallwass
Gewerbestraße 2

8939 Bad Wörishofen

15. Januar 1987

Sehr geehrte Frau Hallwass,

Heli Biendl, der bayerische Champion der Traber aus Straubing in Niederbayern, mit 257 Siegen im Jahr 1986 unangefochtener Meister im Sulky, hat neulich bei einem Fernsehinterview einen sehr klugen Satz gesagt. Der Reporter hatte ihn nämlich gefragt, wovon es denn letztendlich abhinge, ob er ein Rennen gewinnt oder nicht. Schließlich käme es ja vor, daß selbst er als Meisterfahrer mit einem hochfavorisierten Pferd untergeht; und an anderen Tagen wieder käme er unerwartet mit einem krassen Außenseiter zum Sieg.

Obwohl der Trabersport mit der Werbung nicht viel gemeinsam hat, meine ich doch, daß die Antwort des Pferdemannes auch auf den Ausgang einer Präsentation anwendbar ist; (denn das ist ja sozusagen auch ein Wettrennen gegen andere). Wir Werbeleute können von einem erfolgreichen Traberfahrer vielleicht etwas lernen, denn er gewinnt ja laufend Präsentationen = Rennen. Erst neulich wieder klagte mir ein Agenturchef sein Leid und sagte, daß er bereits die dritte Präsentation hintereinander in den Sand gesetzt habe, weil er jedesmal nur zweiter geworden ist. Es sei, sagte dieser Mann, zum Verzweifeln. Jedesmal eine Menge Arbeit, Mühe und Kosten - und dann doch nichts.

Wie lautete nun Heli Biendls lehrreicher Satz über das Geheimnis des Erfolges?
"Wann's lafft," sagte er dem Reporter, "dann lafft's. Und wann's net lafft, lafft's net."

Wollen Sie mich nicht bei den Vorbereitungen für Ihre nächste Präsentation als Konzeptioner oder Texter einsetzen? Sicher "lafft's" dann gut.

Mit freundlichen Grüßen

I 32. Eichmüller – Weihnachtsglückwunsch an Kunden

Müssen Weihnachtsgrüße immer so uniform sein? Sie müssen nicht – dieses Beispiel beweist's.

Hübsch, nicht? In diesem Fall wäre nicht mal ein Meckern über die (schwer lesbare und sonst so unpersönliche) Versalschrift am Platze – sie zählt hier zu den Gestaltungsmerkmalen.

An dieser Stelle möchte ich betonen, daß man nicht nur zu Weihnachten an die Kundenpflege denken sollte. Vielleicht sogar am allerwenigsten, denn dieses Fest hat doch sehr privaten Charakter. Außerdem gehen die guten Wünsche leicht unter in ganzen Bergen von Weihnachtspost. Es gibt unterm Jahr so viele Anlässe, an Kunden zu denken – vielleicht auch mit einem kleinen Geschenk:

Namenstag
Geburtstag
Dreikönig (z.B. mit einem Parfumpröbchen)
Fasching (Luftschlange)
Valentinstag (ein Röschen oder eine Praliné)
Frühlingsanfang (Blumen)
Ostern (Schoko-Eier, Luftballons)
1. Mai (Wanderkarte)
Pfingsten (Zubehör für Draußen-Sportarten)
Ferienbeginn (Ball, Nähzeug für die Reise)
Einschulung von Kindern
Einkochzeit (Etiketten für Gläser)
Weinlese (Einladung zum neuen Wein)
Erntedank (Trockenblume, Papierdrachen)
Nikolaus (Äpfel, Nüsse, Nußknacker)

...und so weiter. Wer nachdenkt, dem fällt vieles ein!

'88

MAN
NEHME
ZWÖLF MO-
NATE, PUTZE
SIE GANZ SAU-
BER VON ÄRGER,
BITTERKEIT, PEDAN-
TERIE UND ANGST UND
ZERLEGE JEDEN MONAT
IN 30 ODER 31 TEILE, SO
DASS DER VORRAT GENAU FÜR
EIN JAHR REICHT.
ES WIRD JEDER TAG EINZELN
ANGERICHTET AUS EINEM TEIL AR-
BEIT UND ZWEI TEILEN FROHSINN
UND HUMOR.
MAN FÜGE DREI GEHÄUFTE ESSLÖFFEL OP-
TIMISMUS HINZU, EINEN TEELÖFFEL TOLE-
RANZ, EIN KÖRNCHEN IRONIE UND EINE PRISE
TAKT. DANN WIRD DIE MASSE SEHR REICHLICH
MIT LIEBE ÜBERGOSSEN. DAS FERTIGE GERICHT
SCHMÜCKE MAN MIT STRÄUSSCHEN KLEINER AUFMERK-
SAMKEITEN UND SERVIERE ES MIT EINEM GLÄSCHEN
ERINNE-
RUNGEN!

DIESER WEIHNACHTS-COCKTAIL WURDE VON DEN MITARBEITERN DES HAUSES EICHMÜLLER FÜR SIE GEMIXT.

WIR FREUEN UNS AUF DIE WEITERE ZUSAMMENARBEIT UND WÜNSCHEN FÜR 1988 ALLES GUTE.

W. Eichmüller

WERNER EICHMÜLLER

Eichmüller Organisation GmbH, Burenstr. 23, 7100 Heilbronn

I 33. Pfau – Kundenpflege

Hier gleich ein Beispiel dafür, daß Kundenpflege kein festes Datum kennt.

Die genaue Gewichtsplanung von Aussendungen ist für die direktwerbende Zunft ein wichtiges Kapitel. Wie im Brief steht: Ein halbes Gramm mehr oder weniger kann Tausende kosten. Nun sind die Gewichte von üblichen Werbemitteln zwar leicht zu berechnen (siehe Kapitel G 1.), nicht aber die von Umschlägen.

Die Briefhüllenfabrik Pfau hat daher die Gewichte von weit über 100 Umschlaggrößen in verschiedenen Papiergewichten zu einer Tabelle zusammengestellt und bietet sie Kunden und Interessenten an.

Ein feiner Service – und tadellos präsentiert. Man freut sich über die aufmerksame Geste!

Pfau Briefhüllen

Dr. Peter Haunß
Geschäftsführender Gesellschafter

DIRECTA GmbH.
Herrn H. Linsin
Badener Str. 134

CH - 8004 Zürich

17. Januar 1985

Sehr geehrter Herr Linsin,

das neue Jahr ist zwar noch jung, aber sicher werden Sie schon heute mittendrin stecken in der Planung für Ihre Direktwerbung.

Ob Sie für Ihr nächstes Mailing einen Umschlag aus 60 g/qm - oder 70 g/qm - Papier wählen, kann das teuerste halbe Gramm Ihres Lebens ausmachen - wenn die Sendung dadurch über eine Portogrenze "springt".

Damit solche Fehler vermieden werden, jonglieren auch unsere Kundenberater mit Gramm-Bruchteilen. Ein unentbehrliches Hilfsmittel dabei ist die Gewichtstabelle aller gängigen und ausgefallenen Briefhüllen-Formate von PFAU. Dieser Tage wurde sie neu zusammengestellt und komplettiert.

Dabei dachte ich an Sie - und daß eine solche Tabelle Ihnen gerade jetzt am Jahresanfang ein ständiger Helfer sein könnte.

Hier ist diese neue Tabelle! Es würde mich freuen, wenn ich Ihnen damit einen kleinen Dienst erweisen konnte.

Mit freundlichem Gruß

Ihr

Peter Haunß

Dr. Peter Haunß

Anbei: Gewichtstabelle für alle gängigen und ausgefallenen PFAU-Briefhüllen-Formate

Wilhelm Pfau GmbH & Co · Briefhüllenfabrik · Wilhelmstraße 51 · Postfach 2829 · D-7100 Heilbronn · Telefon (07131) 68981* · Telex 728338 pfau d
Kommanditgesellschaft, Sitz und Reg.-Gericht Heilbronn HRA 1377 · Komplementär: Haunß Beteiligungs- und Verwaltungs-GmbH, Sitz und Reg.-Gericht Heilbronn HRB 747
Geschäftsführer: Emil Haunß, Dr. Peter Haunß

I 34. Pfau – Kundenpflege / Jubiläumsbroschüre

Zum 75jährigen Bestehen läßt sich kaum ein Betrieb die Gelegenheit einer Selbstdarstellung entgehen. Aber nicht diese, sondern „nur" der Begleitbrief an Kunden kann hier betrachtet werden.

Das Beispiel zeigt, daß sich ein solcher Brief nicht in Selbstbeweihräucherung erschöpfen muß.

Nach der überraschenden Einleitung folgt eine unaufdringliche Erwähnung der heutigen und künftigen Leistungen. Es fehlt nicht die Reverenz vor dem Beitrag der Kunden und der Dank dafür – aber alles frisch, natürlich, ohne Schwulst.

Das PS sichert der Jubiläumsbroschüre zusätzliche Beachtung.

Pfau Briefhüllen

Geschäftsleitung

PRINTUS GmbH
Frau M. Behlke
Gärtnerstraße 18 A

2000 Hamburg 20

September 1984

Sehr geehrte Frau Behlke,

als Adenauer 75 Jahre alt wurde, hatte der interessanteste Teil seiner Karriere gerade begonnen.

Auch wir sehen das 75jährige PFAU-Jubiläum als wichtigen Entwicklungspunkt in der Firmengeschichte. Warum - das erfahren Sie in unserem Firmenportrait.

Keine Sorge: Wir verschonen Sie mit Lorbeer und Weihrauch. Aber vielleicht interessiert es Sie, wie alles begann - und wie wir auch in Zukunft mit Ideen und Know-how zum Erfolg der direktwerbenden Zunft beitragen möchten: durch neue, eigenständige Produktentwicklungen ebenso wie mit maßgeschneiderten Problemlösungen aus der Zusammenarbeit mit Ihnen.

Wir gehen ins 76. Jahr mit der festen Überzeugung, daß der gedruckten Botschaft auch künftig - trotz oder gerade wegen der elektronischen Medien - neue und wichtige Aufgaben zukommen werden.

Auf die neuen Aufgaben freuen wir uns - und für das, was wir bisher für Sie tun durften, danken wir Ihnen herzlich.

Mit freundlichen Grüßen

Ihr

Dr. Peter Haunß

PS.: Im Firmenportrait finden Sie einen gewinnträchtigen Gutschein. Er verrät Ihnen gleichzeitig ein bißchen über künftige Aktivitäten von PFAU.

Wilhelm Pfau GmbH & Co · Briefhüllenfabrik · Wilhelmstraße 51 · Postfach 2829 · D-7100 Heilbronn · Telefon (07131) 68981* · Telex 728338 pfau d
Kommanditgesellschaft, Sitz und Reg.-Gericht Heilbronn HRA 1377 · Komplementär: Haunß Beteiligungs- und Verwaltungs-GmbH, Sitz und Reg.-Gericht Heilbronn HRB 747
Geschäftsführer: Emil Haunß, Dr. Peter Haunß

I 35. + 36. Rodier – Kundenpflege / Einladung ins Geschäft

Es fällt immer positiv auf, wenn ein Einzelhändler regelmäßig an seine Kunden schreibt. Dieses Textilfachgeschäft tut es, und seine Inhaberin versucht einen persönlichen Ton zu treffen. (Warum fehlt dann die persönliche Unterschrift?)

Bei näherem Hinsehen entdeckt man jedoch zwei Dinge, die man eventuell hätte besser machen können. Zuerst einmal wird da mit dem großen Kundenkreis geworben. Als ob dies für modebewußte Frauen ein Kriterium wäre... im Gegenteil, sie legen Wert auf Exklusivität. Der Schreiberin scheint das auch bewußt geworden zu sein, und sie versucht die Aussage im 2. Absatz zu relativieren. Trotzdem dürfte die unnötige „Angabe" manche Kundin erst auf das Problem von Konfektionsware aufmerksam gemacht haben.

Der Schluß ist wenig aktivierend: „gelegentlich begrüßen" heißt irgendwann... niemand wird sich sonderlich beeilen, und im Nu hat man's vergessen.

Brief Nr. 36 zeigt, daß es Frau Brüning auch besser kann. Überhaupt – ihre Kundenpflege ist anerkennenswert.

RODIER-BRÜNING · WESSENBERGSTRASSE 13 a · 7750 KONSTANZ

RODIER

Frau

Heidrun Hager

Altengraben 9

7750 Konstanz

KONSTANZ, 29.2.88

Sehr geehrte Frau Hager,

kaum zu glauben, ich gehe mit Rodier bereits in's dritte Jahr! Diesen Brief erhalten inzwischen weit über tausend Kundinnen, von denen ein großer Teil immer wieder mal bei mir reinschaut und fast immer das "Passende" findet. Die Freude ist dann groß. Ein so beachtlicher Kreis zufriedener Kundinnen ist natürlich auch dadurch entstanden, weil ich weiterempfohlen werde. Und dafür darf ich mich an dieser Stelle einmal herzlich bedanken.

Wie alles, ist auch ein großer Kundenkreis relativ. Gemessen an den vielen Menschen, die im Bodenseegebiet beheimatet sind, ist er verschwindend klein. Also keine Sorge! Rodier bleibt exclusiv für eine ebenso exclusive Klientel modischer und selbstbewußter Damen, die das Besondere bevorzugen. Ich freue mich, daß Sie dazu gehören.

MEINE
FRÜHJAHRSKOLLEKTION

ist inzwischen komplett und die ersten Sommermodelle erwarte ich täglich. Die neue Mode ist wieder etwas femininer; die stark betonten Schultern - von manchen Couturies auch noch übertrieben - gehören der Vergangenheit an. Weite Röcke sind nach wie vor lang; schmale dagegen kürzer, aber nicht zu kurz. Dank des unübertrefflichen französischen Stils, ergeben sie mit den entsprechenden Oberteilen eine gerade zu entzückende Silhouette.
Sowohl die Strickmodelle als auch Kleider, Blusen, Röcke und Blazer aus wertvollem Material - auch in reiner Seide - zeichnen sich durch eine Palette schönster Farben und gekonnter Schnitte aus.

RODIER IST MIT DER NEUEN FEMININEN LINIE ABSOLUT IM TREND!

Lassen Sie sich bei mir für Ihre Frühlings-Garderobe inspirieren! Ich freue mich darauf, Sie gelegentlich wieder zu begrüßen und Ihnen die neue Kollektion zeigen zu dürfen.

Bis dahin bin ich wie immer
herzlichst!
Ihre Magret Brüning

RODIER · INH. MARGRET BRÜNING
WESSENBERGSTRASSE 13 a · 7750 KONSTANZ · TELEFON 07531/23831
Bankverbindung: Deutsche Bank AG., Filiale Konstanz, Kto.-Nr. 342410 (BLZ 69070032)

RODIER-BRÜNING · WESSENBERGSTRASSE 13 a · 7750 KONSTANZ

RODIER

Frau

Heidrun Hager

Altengraben 9

7750 Konstanz

KONSTANZ, 18.06.1988

Sehr geehrte Frau Hager,

Anfang Juli beginnen die Sommerferien und damit die Haupt-Urlaubsmonate.
Sicher haben Sie für die schönste Zeit des Jahres Pläne geschmiedet und freuen sich nun auf einige erholsame Wochen im Süden, auf einer Insel in der Nordsee oder auf ausgedehnte Wanderungen in unserem wunderschönen Bodenseegebiet.
Wie auch immer: ich wünsche Ihnen viel Freude, traumhaftes Wetter und vor allem gute Erholung!

Bevor es aber losgeht, werden Sie sich wahrscheinlich Ihre Sommergarderobe ansehen und möglicherweise feststellen, daß eigentlich noch einiges ergänzt werden sollte. Exklusiv für unsere Stammkundinnen haben wir ein attraktives Angebot aus der diesjährigen Saison ausgewählt und mit besonderen Preisvorteilen ausgestattet.

Ganz gleich wo Sie Ihre Ferien verbringen, die schönen und langen Abende sind, wenn man irgendwo draußen sitzt, kühl und dann ist es gut, wenn man einen Pulli oder eine Strickjacke dabei hat. Vielleicht etwas Neues für den Urlaub! Warum eigentlich nicht?

Ich habe noch ein interessanteres Programm in klassischen und modernen Sommer-Stricksachen, sehr hübschen Blusen und leichten Sommerkleidern - natürlich auch Hosen - so daß sich ein Besuch bei mir sicher lohnt.

<u>Ich reduziere ab sofort!</u>

Auf bald und wie immer

herzlichst!

Ihre Margret Brüning

RODIER · INH. MARGRET BRÜNING
WESSENBERGSTRASSE 13 a · 7750 KONSTANZ · TELEFON 07531/23831
Bankverbindung: Deutsche Bank AG., Filiale Konstanz, Kto.-Nr. 342410 (BLZ 690 700 32)

I 37. + 38. MMV Leasing – Kundenaktivierung

Zwei gute und interessante Briefe, die beide ein kleines Manko haben: Die Einleitungssätze.

Hier wird versucht zu sagen: „Wir kennen uns ja schon..." Aber das ist unnötig. Entweder weiß das der Kunde, oder er erinnert sich nicht – dann bringt auch der Hinweis nichts. Diese Einleitungssätze lassen den Leser vermuten, daß er über den Gegenstand des Briefes schon Bescheid weiß... wozu also weiterlesen?

Stellen Sie sich nur einmal vor, Brief Nr. 37 würde mit dem 2. Satz beginnen: „Leasing ist kein Allheilmittel." Welch überraschende Aussage: Der Schreiber stellt sich anscheinend selbst in Frage. Aber nur, um anschließend auf die neutrale Beratung und vielseitige Leistung hinzuweisen.

Im Brief Nr. 38 ist ein Pluspunkt, daß der Name des Beraters genannt wird. Die zugehörige Telefon-Durchwahl würde das Bild perfekt machen.

MMV Leasing GmbH

MMV Leasing GmbH · Wertherstraße 305 · 4800 Bielefeld

5400 Koblenz
Friedrich-Ebert-Ring 53
Telefon: (0261) 133 - 0
Telex: 862878
Telefax: (0261) 133217
Bankverbindung:
Sparkasse Koblenz
(BLZ 570 501 20),
Konto-Nr. 62679

Büro Bielefeld
Wertherstraße 305
4800 Bielefeld
☎ 0521/100078/79
Telefax: 0521/100331

Ihr Zeichen | Ihre Nachricht vom | Unsere Zeichen | 4800 Bielefeld Januar 1987

Sehr geehrte Damen und Herren,

im Rahmen unseres Informationsdienstes haben wir Sie auf die vielfältigen Möglichkeiten des MMV-Leasing hingewiesen. Leasing ist kein "Allheilmittel". Wir können eine solche Feststellung treffen, weil Beratungsqualität in unserem Hause groß geschrieben wird.

Es gibt Situationen, wo die herkömmliche Finanzierung sinnvoller sein kann. Deshalb möchten wir Ihnen als Ergänzung zu unserem bisherigen Angebot eine Finanzierungsalternative über unsere MKB Mittelrheinische Bank GmbH, Koblenz, anbieten.

Unsere verschiedenen Möglichkeiten der Vertragsgestaltung bieten für Ihre individuellen Gegebenheiten immer eine passende Lösung.

Wir bieten Ihnen: LEASING und BANKFINANZIERUNG aus einer Hand.

Beratungsqualität heißt für uns, Ihnen immer das für Sie Sinnvollste zu empfehlen.

Machen Sie sich unsere Erfahrung zunutze und fordern Sie unseren Berater an.

Durch unsere bundesweite Präsenz ist ein kurzfristiger Besuch immer möglich.

Mit freundlichen Grüßen

MMV LEASING GmbH

Anlage

MMV Leasing GmbH

MMV Leasing GmbH · Wertherstraße 305 · 4800 Bielefeld

5400 Koblenz
Friedrich-Ebert-Ring 53
Telefon: (0261) 133 - 0
Telex: 862878
Telefax: (0261) 133217
Bankverbindung:
Sparkasse Koblenz
(BLZ 570 501 20),
Konto-Nr. 62679

Büro Bielefeld
Wertherstraße 305
4800 Bielefeld
☎ 0521/10 00 78/79
Telefax: 0521/10 03 31

Ihr Zeichen | Ihre Nachricht vom | Unsere Zeichen | 4800 Bielefeld

Sehr geehrte Damen und Herren,

Sie kennen bereits die Vorteile des MMV-LEASING und haben in uns einen zuverlässigen Partner gefunden, der Ihr Vertrauen zu schätzen weiß.

Inzwischen werden sich in Ihrem Hause wieder mancherlei Fragen wegen notwendiger oder möglicher Investitionen ergeben haben, z.B. die Anschaffung eines neuen PKW. Dürfen wir Sie daran erinnern, daß sich auch Fahrzeuge mit LEASING günstig beschaffen lassen, wobei Ihre eigenen Liquiditätsreserven für andere Dispositionen frei bleiben?

Sollten Sie noch Fragen haben, so benutzen Sie bitte die im beiliegenden Prospekt enthaltene Rückantwortkarte oder rufen Sie uns unter der Tel.-Nr. 0521/10 00 78 an. Frl. Lüdtke und Frl. Sifferlien stehen Ihnen zu weiteren Auskünften jederzeit gern zur Verfügung.

Zur persönlichen Beratung können Sie unseren Kundenberater Herrn W e l k anfordern.

Nutzen Sie die mehr als 20-jährige Erfahrung der MMV-LEASING und insbesondere unsere Kundennähe.

Mit freundlichen Grüßen

MMV L e a s i n g GmbH

Anlage

I 39. Lösekann – Kundenpflege, Einladung ins Geschäft

Dieser Brief ist ebenso kurz wie gut. Das Dankeschön an den (Stamm-) Kunden ist gekoppelt mit der Einladung, von den Sonderangeboten vor den anderen (Gelegenheits-) Kunden zu profitieren. Geschickt wird damit das Ego des Lesers gestreichelt. Und unterschwellig wird gesagt: Komm besser heute als morgen.

Ob der ungemein dominierende Briefkopf psychologisch günstig ist, wage ich allerdings zu bezweifeln.

Lösekann

Sie & Er exclusiv

Lösekann · Friedrich-Ebert-Straße 8 · 4800 Bielefeld 1

Herrn
Wilhelm Schlemming
Brunnenstr. 22

4800 Bielefeld 1

23. Juni 1987

Sehr geehrter Herr Schlemming,

vielen Dank für das Vertrauen, das Sie unserem Haus entgegenbringen. Ich hoffe, daß Sie auch in jüngster Zeit mit dem Angebot, der Beratung und dem Service voll zufrieden waren.

Das Dankeschön an Sie möchte ich gleich mit dem Hinweis auf eine Reihe von Sonderangeboten verbinden, die wir jetzt für Sie bereit halten.

Damit Sie in den Vorzug kommen in Ruhe auswählen zu können, werden wir diese Angebote erst in der nächsten Woche in der Tageszeitung veröffentlichen.

Es würde mich freuen, wenn Sie die Zeit finden, um in den nächsten Tagen einmal vorbeizukommen.

Mit freundlichen Grüßen

Ihr G. Lösekann

I 40. Pampers – Kundenpflege, Treueprämie

Verkaufsförderung durch Treuerabatte treiben zahlreiche Firmen. Bei Pampers gibt man sich offensichtlich besonders viel Mühe, guten Kontakt zur jungen Mutti zu finden.

Jedenfalls bekommt sie zusammen mit dem Scheck (der an sich schon ein „freudiges Ereignis" ist) diesen sehr persönlichen Brief. Natürlich läßt man die Gelegenheit nicht ungenutzt, nochmals den Produktnutzen darzustellen und auf eine Neuigkeit hinzuweisen. Hervorzuheben ist die unaufdringliche Form, in der das geschieht.

Übrigens: Vergleichen Sie doch mal, welch guten Eindruck eine leserliche Unterschrift macht. Und trotzdem steht noch die „Übersetzung" drunter – das macht die Sache sozusagen amtlich.

Pampers

Frau
Edith Reinheimer
Reutebachgasse 72

7800 Freiburg

Herzlichen Dank für Ihre Treue zu Pampers!

Liebe Frau Reinheimer,

kürzlich habe ich Ihren Treue-Coupon zusammen mit den Pampers Treue-Marken erhalten. Ich freue mich sehr, daß Sie mit der Spitzenqualität von Pampers so zufrieden sind und sie regelmäßig für Ihr Kind verwenden.

Diese Treue zu Pampers zahlt sich jetzt aus! Heute erhalten Sie Ihre 10 Mark Treue-Prämie - wie versprochen! Den Scheck habe ich gleich beigelegt.

Damit das Geld unterwegs nicht verloren gehen kann, ist es ein Verrechnungsscheck, der persönlich auf Ihren Namen ausgestellt wurde. Gehen Sie damit am besten gleich in den nächsten Tagen zu Ihrer Bank, Sparkasse oder Post, und lassen Sie den Scheck Ihrem Girokonto gutschreiben!

So ist Ihre Treue zu Pampers gleich ein doppelter Gewinn. Sie bekommen 10 Mark Treue-Prämie, und Ihr Kind bleibt in Pampers rundum trockener und fühlt sich richtig wohl. Und darauf kommt es ja schließlich an!

Entscheiden Sie sich deshalb auch in Zukunft für Pampers. Egal ob Sie die neue ultra-dünne Ultra Pampers oder die beliebte dicke Pampers verwenden, eins ist sicher: Eine Pampers hält Ihr Kind immer trockener, und jede ist jetzt unparfümiert!

Für heute wünsche ich Ihnen alles Gute und weiterhin viel Freude mit Ihrem Kind. Bis bald...

Mit freundlichen Grüßen
Ihre

Marianne Höhenstein
Marianne Höhenstein

P.S. Lassen Sie den beiliegenden Scheck über 10 Mark Treue-Prämie am besten gleich Ihrem Girokonto gutschreiben.

I 41. Nestle – Kundenpflege, Information

Ein sehr schlichter Brief – und dennoch voller Raffinesse. Man merkt es vielleicht erst, wenn man ihn mit anderen an die vielumworbene Zielgruppe „junge Mütter” vergleicht: Unter Dutzenden ist es der einzige, der das Kind beim Namen nennt – im Wortsinne. Der erste Satz strömt Interesse – mehr noch: Teilnahme – am Schicksel des Kindes aus.

Welch schönes Gefühl für die Mutter, deren ein und alles ihr Kind ist!

Schön finde ich, daß die Teilnahme nicht schwülstig ausgedrückt wird. Sie wirkt deshalb glaubwürdig. Vielleicht nicht unbedingt als persönliche Teilnahme – wer erwartet das von einem Riesenkonzern –, aber doch als Denkweise des Unternehmens.

Völlig unkompliziert schließt sich daran Verkaufsförderung in Form praktischer Tips an. Das fließt so selbstverständlich und deshalb ganz unaufdringlich. Zum Schluß als freundliche Erinnerung nochmal der Kindesname.

Einfach gut! Aber muß der unzweideutige Hinweis, daß hier ein Computer geschrieben hat, rechts unten wirklich so deutlich plaziert sein?

Nestlé Mütterberatung
Prinzregentenstraße 155
8000 München 80
Tel. (0 89) 41 16-5 43

Frau
Edith Reinheimer
Reutebachgasse 72

7800 Freiburg

Januar 1988

Liebe Frau Reinheimer,

inzwischen wird alles immer interessanter für Nico.

Das merken Sie sicher auch am wachsenden Appetit. Ihr Baby braucht jetzt "mehr" und darum werden neben der Milch auch Gläschenkost und Breie wichtig.

Dabei kommt es besonders auf die richtige Zusammenstellung der Nahrung an. So ist z.B. eine ausreichende Eisenversorgung wichtig, da der von Geburt an vorhandene Eisenvorrat weitgehend aufgebraucht ist. Auch sollten Sie jetzt schon darauf achten, wieviel "Süßes" Ihr Baby bekommt. Wichtige Informationen zu all diesen Themen gibt Ihnen das beiliegende Informationsblatt.

Wir wünschen Ihnen von Herzen alles Gute und viel Freude an Nico.

Ihre
Nestle Mütterberatung

Dorothea Pulver

(Dr. Dorothea Pulver)

77800Fre871018ReiEdiNic
07.87-96050042

I 42. Minke – Telefon-Ankündigung

Dieser Hersteller von Leder und anderen Materialien für den Orthopädie-Schuhmacher treibt Telefon-Marketing auf besondere Art und Weise: Er ruft einen ausgewählten Kundenkreis – der selbst darum gebeten hat – regelmäßig an. Alle drei Wochen, auf die Minute pünktlich. Dabei steht weniger das Verkaufen im Vordergrund als die indirekte Verkaufsförderung durch kollegiale Gespräche über Materialien, Verarbeitung usw.

Obwohl die „Tele-Time" deshalb bald zur lieben Gewohnheit wird, kündigt Minke jeden Anruf vorher an. Mit einem Schreiben dieser Art, das an den Termin erinnert, einen Gesprächsstoff liefert und zu weiteren Fragen animiert. Sicher hätte man einen kunstvolleren Text ausdenken können – aber ob er dann noch so spontan und natürlich wirken würde? Und man bedenke: Alle drei Wochen ein neuer Brief...!

Besonders gut ist das Feld für die inzwischen auftauchenden Fragen. Das verbessert die Reaktionen. Ähnliche Briefe eignen sich auch für die Unterstützung des Außendienstes.

Fritz Minke GmbH & Co KG · Postfach 10 09 40 · 4100 Duisburg 1

Herrn
Heinrich Müller
Orth.-Schuhmachermeister
Mettinger Str. 220

8000 München

Dr.Mi/ma 15.06.88

Sehr geehrter Herr Müller,

am Montag, den 20.06.88, um 10h00 hören wir uns wieder im Teledienst.

Wir freuen uns darauf. Ganz besonders, wenn wir Ihnen neue Dinge zeigen und erzählen können, bevor sie offiziell in unseren MINKE-WINKEN erscheinen. Sie sind als Telekunde also so etwas wie "Vorkoster".

Wissen Sie, was hier rechts befestigt ist? Das könnte einen geradezu zum Jubeln bringen:

CANGOO-Senkel (in den bekannten 26 Farben unserer Farbkarte "Bunt ist die Welt"),

ungemein reißfest, so leicht und haltend verschnürbar.

Mehr darüber am Telefon.

Mit freundlichen Grüßen

IHR HAUS MINKE

Fragen, die Sie mit uns besprechen wollen:

1.

2.

3.

4.

Telefon (02 03) 2 22 33 / 2 22 34 / 2 31 69 automatischer Auftragsdienst 12 26 84

I 43. Minke – Kontaktbrief für Tele-Kunden

Der Chef des Hauses findet auch immer wieder Gelegenheit, mit einer Aufmerksamkeit den Kontakt zu diesen Stammkunden zu stärken. Mal ist's eine exotische Sondermarke, mal ein Ersttagsbrief, mal eine Gedenkmünze des Branchen-Schutzpatrons, mal ein Büchlein mit Karikaturen.

Hier ein Beispiel für den persönlichen Ton, den die Firma auch mit Briefen ohne Anrede zu treffen versteht.

Wenn er nicht gewesen wäre...

... dann hätten wir, lieber TELE-Kunde, wohl keinen so guten Draht zueinander. Denn Graham Bell war's, der 1876 das Telefon in seinen heute noch gültigen Grundzügen entwickelt hat.

Was für eine segensreiche Erfindung: Sie läßt sich nicht für Mord und Totschlag mißbrauchen (noch nicht einmal für Rufmord, weil's kein Massenmedium ist) - sondern sorgt dafür, daß Menschen persönlich miteinander reden können, ungeachtet räumlicher Trennung. Ohne Telefon zu leben, ist fast unvorstellbar geworden... so sehr hat Graham Bells Erfindung unser Jahrhundert geprägt. Der herrliche Briefmarkenblock der Republik Liberia ist eine verdiente Hommage an den großen Erfinder.

Indem wir Ihnen diese Marke zukommen lassen, lieber TELE-Kunde, möchten auch wir Graham Bell ehren - als indirekten Erfinder unseres TELE-Dienstes. Vor allem aber möchten wir Ihnen damit eine Freude machen - und unseren Dank sagen für so viele angenehme, anregende Gespräche.

Denn daß wir miteinander reden, ist Sinn und Zweck des TELE-Dienstes. Natürlich freuen wir uns über Ihre Aufträge, die wir mit gewohnter Sorgfalt erledigen. Und darüber hinaus sparen Sie Zeit und Porto.

Aber Sie sollten uns beim Wort nehmen:
Unser Service heißt nicht "Telefon-Verkauf", sondern TELE-Dienst. Es macht uns glücklich, wenn wir Ihnen mit Rat und Tat dienen können! Worauf Sie sich jederzeit verlassen können - dafür bürgt

Ihr

Dr. Gebh. Minke

Dr.Gebh.Minke

Von Duisburg in die Welt
MINKE

FRITZ MINKE POSTFACH 10 11 63 4100 DUISBURG 1 TEL. 0203/22233/22234/23169 automatischer Auftragsdienst **22684**

I 44. Minke – Vorstellung einer neuen Mitarbeiterin

Daß Christiane Minke die Tochter des Chefs ist und somit die Familientradition fortsetzt, spielt nur am Rande eine Rolle. Davon abgesehen, stecken zahlreiche Ideen in diesem Brief, die Sie bei der Vorstellung von Mitarbeitern und Außendienstlern universell anwenden können:

Das Paßfoto als „Kontaktmedium": Man kann sich das Gegenüber wirklich vorstellen;

der frische Ton, der sich wohltuend von den meist so steifen Vorstellungen abhebt;

die glaubwürdige Schilderung des Engagements, beschworen beim Branchen-Schutzpatron;

geschickte Dosierung von Wissen und Nichtwissen, letzteres wirksam verbunden mit einem Kompliment an das Fachwissen des Lesers und der Bitte um Hilfe im Notfall.

Eine junge Frau als Gesprächspartnerin von gestandenen Fachmännern hat's nicht leicht. Aber wetten, daß Fräulein Minke von der Kundschaft akzeptiert wird?

CHRISTIANE MINKE
DIPL.-KFM.

REALSCHULSTRASSE 90
4100 DUISBURG 1
TELEFON 0203/21549

Guten Tag lieber Freund des Hauses,

heute begrüßt Sie die 4. Generation im Hause Minke. Urgroßvater Jakob würde sich bestimmt wundern, daß eine junge Frau heute so lange zur Schule geht und dann noch in den Betrieb eintritt.

Aber ich glaube, er wäre auch zufrieden mit mir. Papa sagt jedenfalls selbst zwölf Semester Studium hätten mir die praktische, zupackende Art der Minkes nicht austreiben können. Und er freut sich, daß ich ihm künftig helfen will, die langjähringen Beziehungen zu unseren Kunden nach Kräften zu pflegen.

Auch mir macht es wirklich viel Freude, daß ich jetzt meine Kenntnisse als frischgebackener Diplom-Kaufmann Ihnen zur Verfügung stellen kann. Und ich will mich mit Haut und Haaren für Sie und unsere Zusammenarbeit engagieren, das verspreche ich Ihnen bei St. Crispinus.

Wundern Sie sich nicht, wenn Sie mich mal in der Buchhaltung, mal im Leistenlager und mal im Versand erwischen. Aber ich möchte eben - wie alle bei uns - auf jedem Posten bestehen können.

Nur eines macht mir noch ein bißchen Sorgen: Mit dem Praxiswissen unserer Leute kommt die ganze Schulweisheit nicht mit. Und wenn ich mir auch schon viel Praxis aneignen konnte (schließlich war ich von Kindesbeinen an im Betrieb): Je mehr ich davon verstehe, desto schmerzhafter werden mir die Lücken bewußt. Und desto mehr Respekt habe ich vor Ihrem Handwerk.

Helfen Sie mir ein bißchen - mit Ihrer Geduld und Ihrem Verständnis? Falls ich mal nicht weiter weiß, dann weiß ich jedenfalls sofort, wer's weiß... und was ich zu lernen habe.

Ich freue mich auf viele fachlich-fröhliche Kontakte mit Ihnen -

Ihre

Christiane Minke

I 45. Tesch – Direktverkauf von Wein

Dieser Brief erzählt eine Geschichte – und zeigt, wie wichtig es für den Texter ist, alles über das Produkt zu wissen. Es werden nicht nur die „nackten" Oechslegrade genannt, sondern auch, wie der Winzer eine Spätlese freiwillig als Kabinett zurückstuft – und damit wird der Qualitätsanspruch glaubhaft.

Die Reservierung von 30 Flaschen dürfte wohl ein Trick sein – aber auch er ist angesichts dieses besonderen Weines glaubhaft. Ein ganz, ganz sanfter Druck, diese 30 Flaschen doch auch abzurufen.

Eine Gratisflasche im Paket wird gleich doppelt genutzt: Sie ist ein Geschenk – und gleichzeitig die Garantie für Risikolosigkeit. Probieren... und begeistert sein, oder den ganzen Rest zurückschicken. Sympathisch an der Garantie ist, daß der Winzer nicht „todsicher" für den Wohlgeschmack einsteht – es gibt ja verschiedene Geschmäcker.

Ungewöhlich der Bestellmodus durch Zurückschicken des Briefes. Normalerweise möchte der Besteller etwas in der Hand behalten. Das Weingut wirbt öfter auf diese Weise – deshalb nehme ich an, sie funktioniert in diesem Fall.

Weingut Erbhof Tesch

SPITZENLAGEN AN DER NAHE
IN FAMILIENBESITZ SEIT 1723

6536 Langenlonsheim · Naheweinstraße 99 · Telefon (06704) 20404

Herrn
Hans Peter Berger
Max-Eyth-Str. 6-10

7257 Ditzingen

26. Januar 1987

Sehr geehrter Herr Berger,

Sie werden sich noch lange an den Tag erinnern, an dem Sie den 85er Löhrer Berg Riesling Kabinett zum ersten Mal probierten. (...auf meine Kosten übrigens!) Und Sie werden sich ziemlich bald an meinen Tip erinnern, von diesem Wein mehr als üblich in den Keller zu legen.

Denn auf dem sonnigen Südhang "Löhrer Berg" erreicht gerade der ausdrucksvolle Riesling eine überragende Geschmacksfülle. Und wenn man in einem so gesegneten Jahrgang wie 1985 die Trauben bis zum 4. November ausreifen läßt, gibt das einen göttlichen Tropfen. Kein Wunder: 86° Oechsle sind schon Spätlese-Qualität. Bei mir wird "nur" ein vorzüglicher trockener Kabinettwein draus... aber was für einer!
Ich bin sicher: Auch Ihnen ist ein vorzüglicher Kabinett lieber als eine magere Spätlese. Gerade ein trockener Wein muß einfach Substanz haben. Wenn Sie diesen Löhrer Berg erst gekostet haben, werden Sie mich verstehen: Einen Wein mit so feiner Frucht und fein nuanciertem Aroma, einen so schmackigen Tropfen genießt man gern alle Tage.

Darum habe ich Ihnen ausnahmsweise 30 Flaschen reserviert, lieber Herr Berger ... ganz unverbindlich für Sie.

Das ist vielleicht ein bißchen mehr als Sie sonst von einer Sorte bestellen. Aber der 85er Löhrer Berg ist wirklich ein außerordentliches Gewächs - und ich weiß nicht, wie lange Sie ihn noch bekommen können. Legen Sie sich lieber gleich diese 30 Flaschen in den Keller!
Um Sie vollends zu überzeugen, schenke ich Ihnen die erste Flasche zum Probieren. Sollten Sie nicht rundherum zufrieden sein, schicken Sie den Rest zurück. Ich weiß zwar, daß dieser Wein 95 von 100 Kennern begeistert - aber die Geschmäcker sind nun mal verschieden.

Möchten Sie diese 30 Flaschen 85er Riesling Kabinett vom Löhrer Berg haben? Dann kreuzen Sie bitte unten Ihren Wunsch an und schicken Sie den Brief im beiliegenden Umschlag zurück (gern auch unfrankiert, wenn keine Marke zur Hand). So ist es am einfachsten für Sie, und ich habe gleich die richtige Adresse zur Hand.

Herzlichen Dank für Ihre Bestellung und viele Grüße
Ihr
Hartmut Tesch

Ja, schicken Sie mir 29 Flaschen 85er Löhrer Berg Riesling Kabinett + 1 gratis
(DM 282,75 frei Haus mit vollem Rückgaberecht)

___ 1mal ___ 2mal ___ 3mal

00000009-460

I 46. Tesch – Direktverkauf von Wein

Noch ein Beispiel für einen „Storyletter” aus dem gleichen Weingut. Daß hier Wein aus der gleichen Lage angeboten wird, ist Zufall.

Ich habe diesen Brief ausgewählt, weil er lang, aber nicht langweilig ist. Der Leser lernt eine ganze Menge daraus – und etwas gelernt zu haben ist immer ein gutes Gefühl. Erzählen Sie Ihren Kunden alles über Ihr Produkt und sein Umfeld –, machen Sie Ihre Leser zu Experten!

Erbhof Tesch

SPITZENLAGEN AN DER NAHE

IN FAMILIENBESITZ SEIT 1723

6536 Langenlonsheim · An den Nahewiesen 24 · Telefon (0 67 04) 2 04 04

730

Herrn
Rainer Hager
Alten Graben 9

7750 Konstanz

Sehr geehrter Herr Hager,

heute möchte ich Ihnen von einer Spezialität erzählen, die nur ganz wenige Weinfreunde in Deutschland kennen.

Das Nahegebiet ist ja bekannt für seine nervigen, fruchtig-frischen Weißweine. Besonders der Riesling bringt in guten Lagen eine erstaunliche Geschmacksvielfalt und Tiefe. Aber daß in Langenlonsheim auch eine winzige "Rotwein-Insel" existiert - wer weiß das schon?

Daß ausgerechnet unsere Lage "Löhrer Berg" einen wesentlichen Teil davon stellt, das kam so: Einen guten Teil meiner Ausbildung zum Diplom-Ingenieur für Weinbau verbrachte ich im Badnerland. Dort gedeihen Spätburgunder... ein einziger Traum. Dort hat mich auch die Begeisterung für diese alte, edle Rebsorte gepackt.

Als ich dann vor 20 Jahren die Leitung unseres Weingutes übernahm, begann ich mit Spätburgunder zu experimentieren. Die einzige Lage, die sich dafür eignet, ist ein kleiner Teil des Löhrer-Berg-Südhangs. Dort ist ein Stück mit schwerem, wasserhaltigem Lößlehm-Boden, ähnlich wie im Kaiserstuhl, während sonst leichte, lockere Böden für das Nahegebiet charakteristisch sind.

Aber noch etwas habe ich aus Baden mitgebracht: Eine Vorliebe für die Art, Rotwein "weiß" zu keltern. Das heißt, der Most wird ohne Beerenhäute vergoren - so kommt nur wenig Farbstoff in die Maische und auch weniger von der stumpf schmeckenden Gerbsäure.

Das wird der berühmte "Weißherbst" - oder wie wir sagen: Ein Rosé von der herrlichen Farbe rötlichen Goldes. Es ist schon ein Genuß, ihn im Glas funkeln zu sehen. Und beim Trinken glaubt man erst die nervige und frische Art eines Weißweins zu schmecken; behält man ihn aber einen Augenblick im Mund, zeugt eine kraftvolle Frucht und ein langer Abgang von der Elternschaft der Spätburgunder-Traube.

Und für diesen Löhrer Berg Rosé mache ich Ihnen heute ein besonderes Angebot, sehr geehrter Herr Hager:

(bitte wenden!)

Beim Rosé streiten sich die Experten, wie viel Restzucker er haben sollte, damit seine fruchtige Säure richtig abgestimmt ist. Manche sagen: So wenig wie möglich, sonst geht die anregende Frische verloren. Und die anderen schwören drauf: Man muß schon einen Hauch von Süße schmecken, sonst kommt die Frucht des Burgunders nicht heraus.

Wer hat recht ...? Zum Glück habe ich gerade zwei Sorten im Keller, die exakt diesen beiden Geschmäckern entsprechen:

> Einen 1984er Löhrer Berg, Spätburgunder Rosé, der schön trocken ist, und
>
> einen Löhrer Berg Rosé aus dem Sonnenherbst 1986, der die fruchtige Richtung vertritt.

Nutzen Sie selbst die Gelegenheit zum Vergleich! Ich sage Ihnen diesmal nicht, was ich lieber trinke, um Sie nicht zu beeinflussen.

Qualitativ sind beide Weine ebenbürtig. Beide sind auch mit einer Silbermedaille ausgezeichnet. Und beide sollten recht kühl getrunken werden (auch zum Essen), vielleicht mit 10°C. Sie können aber noch ein bißchen kühler einschenken - im Sommer erwärmt sich der Wein im Glas sehr schnell. Außerdem können Sie mit Rosé auch eine wundervolle Bowle bereiten!

Beide Weine sind ihr Geld wert und ich möchte wetten, daß auch Ihre Freunde begeistert sein werden.

Egal für welchen Roséwein Sie sich nun entscheiden, den lieblich fruchtigen 1986er oder den fruchtig herben 1984er, die 30 Flaschen kosten in jedem Fall nur DM 222,60 und die Lieferung erfolgt wie immer frei Haus!

Machen Sie sich die Freude und probieren Sie diese wunderbaren Spezialitäten des Löhrer Bergs.

Ein Freiumschlag für Ihre Bestellung liegt bei.

Herzlichen Dank dafür -
und freundliche Grüße von Ihrem Winzer

Hartmut Tesch

Hartmut Tesch

PS: Wenn Sie meinen Rosé noch nicht kennen, haben Sie trotzdem kein Risiko. Ich nehme ja jeden Wein, der Ihnen aus irgendeinem Grund nicht zusagt, ohne Kosten für Sie zurück.

Anlagen

I 47. Saalfrank – Direktverkauf von Werbegeschenken

Als abgebrühter Leser nehme ich an, daß die einleitende Story vom Telefonanruf erfunden ist... aber: gut erfunden. Es macht schon ziemlich neugierig, was man denn da hätte früher erfahren können. Es muß was ganz Wichtiges sein, daß dem erfolglosen Anruf noch ein Brief hinterhergeschickt wird...

Den Schluß hätte man möglicherweise vereinfachen und zwingender formulieren können; der letzte Satz klingt gar nicht partnerschaftlich. Dafür ist im PS der Hinweis auf Name und Durchwahl der Sachbearbeiterin sehr positiv.

Herstellung Vertrieb | Import Export | Prägen Drucken | Gravieren Ätzen

Saalfrank® Qualitäts-Werbeartikel

Saalfrank Postfach 4426 D 8720 Schweinfurt 11

ProMailing
Herrn Reiner Hager
Alter Graben 9

7750 Konstanz

Ihre Nachricht/Zeichen	
Ihr Korrespondenzpartner	Udo Saalfrank
Hausruf (0 97 21) 65 00-	47
Unsere Zeichen	US-Sig/3853
Tag	08.06.1988

Sehr geehrter Herr Hager,

schade, daß wir Sie vor ein paar Tagen nicht persönlich erreichen konnten. Denn sonst hätten Sie diese interessante Nachricht noch etwas früher erfahren.

Ich möchte Sie daher mit diesem Schreiben über eine absolute Neuheit in meinem Sortiment informieren. Innerhalb eines Sonderpostens von 60.000 Stück biete ich Ihnen den original DIGITRON Dual-Power Tischrechner, jetzt schon ab 100 Stück mit 33,3 % Großhandelsrabatt, für Ihre Werbung an.

Anstatt für bisher DM 10,48 jetzt schon für DM 6,89 pro Stück.

Der DIGITRON Dual-Power ist ein Tischrechner der neuen Generation. Je nach Lichtverhältnissen speist er seine LCD-Anzeige über die Qualitäts-Solarzelle oder über die integrierte long-life Lithium-Batterie. Das überaus formschöne, futuristische Design wird vorteilhaft durch die ergonomische Balkentastatur unterstrichen.

Dieser Marken-Tischrechner bürgt durch seine Funktionalität und seine sympathische Erscheinung für echte Langzeit-Werbung auf dem Schreibtisch Ihrer Kunden.

Am besten rufen Sie noch heute das für Sie persönlich reservierte Muster zusammen mit meinem detaillierten Angebot ab. Den 33,3 % Großhandelsrabatt räume ich Ihnen nur auf den o.g. Posten ein.

Mit freundlichen Grüßen

Ihr

Udo Saalfrank

PS: Nutzen Sie bitte beigefügte Antwortkarte oder rufen Sie direkt unter (0 97 21) 65 00-47 Frl. Sing an.

Hauptverwaltung und Fabrikation
Saalfrank Qualitäts-Werbeartikel
Inhaber: Udo Saalfrank
Geschäftsführer: Günther Rubner
Gutenbergstraße 7 – 9 · Postfach 4426
8722 Schweinfurt-Sennfeld
Reg.-Ger. Schweinfurt HRA 798

Telefon (0 97 21) 65 00-0
Telefax (0 97 21) 65 00-44
Telex 6 73 333 swsw d
Teletex 9721 833 sqwsw
Telegramm Saalfrank Schweinfurt

Niederlassung München
Possartstraße 6 · 8000 München 80
Tel. (0 89) 4 70 70 30/47 57 25
Telex 5 23 336 samas d
Niederlassung Rhein/Main
Feldbergstraße 14 · 6094 Bischofsheim
Tel. (0 61 44) 4 22 79

Niederlassung Schweiz
Saalfrank GmbH
Postfach 11 64
Am Kronenacker 6 – 8
CH-8207 Schaffhausen
Tel. (0 53) 3 33 19/20
Telex 8 97 246 safa ch

Niederlassung Österreich
Saalfrank Ges. mbH & Co. KG
Postfach 51
Laudonstraße 25
A-9026 Klagenfurt
Tel. (0 42 22) 4 47 40
Telex 4 22 718 safa a

I 48. Glasgalerie – Direktverkauf Kunstgegenstände

Ein Direktverkaufsbrief gehobenen Genres an eine hochkarätige Zielgruppe. Der Ton ist vornehm, das Objekt wird rar gemacht.

Um so mehr wundert es mich, daß dieser Brief unadressiert und ohne Anrede verschickt wird. Gerade hier würde der Name des Lesers die Exklusivität des Angebots noch verstärken.

Und noch etwas fällt mir auf: Der beigefügte Prospekt enthält viele interessante Details. Beispielsweise wurden solche Goldgläser zur Zeit der Christenverfolgung in Rom verwendet, um Gräber ohne verräterische Namensnennung zu kennzeichnen. Eine so interessante Geschichte würde im Brief sicher mehr Leser finden als im Prospekt versteckt – und könnte das Angebot erfolgreicher machen.

CCAA
GLASGALERIE
KÖLN
GMBH
GESCHÄFTSFÜHRUNG

Köln, den 4.März 1988

Sehr verehrte gnädige Frau,
Sehr geehrter Herr,

eine ganz besondere Kostbarkeit darf ich Ihnen mit dieser Brochüre vorstellen: Nachschöpfungen vatikanischer Goldgläser aus der kostbarsten und umfangreichsten Sammlung dieser seltenen Stücke.

Über drei Jahre haben wir experimentiert um diese Meisterstücke römischer Glasmacherkunst nacharbeiten zu können. Sieben Goldgläser möchte ich Ihnen anbieten.

Jedes dieser Goldgläser besteht aus zwei zusammengeschmolzenen Gläsern mit einem darin eingeschlossenen Blattgoldbild. Die Ränder der Gläser sind unregelmäßig gebrochen, so daß sie wie eine Münze oder Siegel wirken. In der beiliegenden Brochüre finden Sie genaue Angaben zu jedem einzelnen Motiv und zu diesen Glassiegeln allgemein.

Leider sind von einigen Bildern nur wenige Stücke vorhanden. Bestellen Sie daher ein von Ihnen gewünschtes Teil möglichst umgehend, damit es nicht schon vergriffen ist.

Wie gewohnt, ist auch jedem der Goldgläser ein Zertifikat beigefügt und das Teil signiert und numeriert. Sie werden in einem weinroten, mit Samt ausgeschlagenen Etui geliefert, dessen Deckel das goldeingeprägte Wappen der Päpste ziert. Sicher ist dies eine persönliche Geschenkidee für liebe Freunde oder etwas für Sie zum Sammeln.

Ich würde mich freuen, wenn Sie Gefallen an diesen kostbaren Gläsern hätten und höre gerne wieder von Ihnen.

Mit freundlichen Grüßen
Ihr

(Michael Ströter)

PS. Sollten Sie Interesse an den anderen Sammlungen haben, aber kein Katalog mehr vorrätig sein, fordern Sie ihn doch einfach kostenlos bei uns an.

GESCHÄFTSFÜHRENDER
GESELLSCHAFTER ADOLF STRÖTER
5000 KÖLN 91 · POSTFACH 95 02 10
TELEFON 02 21 / 86 46 76
KÖLN-KÖNIGSFORST · RÖSRATHER STR.
ECKE RATHER MAUSPFAD

149. Hahn – Katalog-Angebot

Ein teures Werbemittel wie einen Katalog verschickt man nicht wahllos, schon gleich nicht an Adressen, bei denen man Interesse nur vermutet. Man fischt erst jene heraus, die wirklich Interesse haben. Dazu dient dieser Brief.

Ein Storyletter, der alle Register zieht. Es geht schon los mit „von Frau zu Frau" und der Feststellung, daß die Männer mit ihrem Latein am Ende sind. Welche Frau würde nicht von Herzen zustimmen und sich mit der Schreiberin solidarisieren!

Ungewöhnlich schon im 3. Absatz: Die Garantie gegen Risiko. Aber der ganze Brief ist mit Vorteilen für die Leserin so angefüllt, daß die unbewußte Frage provoziert wird: „Und wo steckt der Pferdefuß?" Da ist es schon besser, die Besorgnis von vornherein zu zerstreuen.

Nicht nur das Angebot wird interessant gemacht (Vergleich Nerz – Lamahaar!), sondern auch der Katalog meisterhaft verkauft: als Gesprächsstoff beim Kaffeekränzchen, als „Schaufenster", mit dem Probierangebot. Und zum Schluß macht Frau Hahn nochmal Dampf mit ihrer Ankündigung, der Katalog könne schneller vergriffen sein als vermutet. Sie begründet aber die Bitte um rasche Antwort: „Damit ich mich nicht blamieren muß" und nimmt dadurch dem Druck die Spitze.

Trotz der Textmenge wirkt der Brief durch lockere Anordnung auf vier quadratischen Seiten leicht und kurzweilig. Getextet hat übrigens ein Mann: Altmeister Alfred Gerardi. Beispielhaft für das Einfühlungsvermögen eines guten Texters.

Margrit Hahn
Schorndorfer Straße 18
7065 Winterbach

Liebe Leserin,

ich schreibe Ihnen diesen Brief von Frau zu Frau, weil ich glaube, daß die Männer in unserem Betrieb mit ihrem Latein am Ende sind.

Auf den ersten Blick sieht das Problem ganz einfach aus: Sie sollen dafür gewonnen werden, die beiliegende Antwortkarte, auf der bereits Ihre Adresse steht, in den nächsten Briefkasten zu stecken.

Dagegen ließe sich von Ihrer Seite etwas einwenden, wenn Sie durch Rücksendung der Karte irgendeine Verpflichtung eingehen würden. Aber lesen Sie den Text ruhig zweimal. Er besagt nicht mehr und nicht weniger, als daß Sie den neuesten Modekatalog von Peter Hahn und eine elegante Kassette mit Originalmustern von Lamahaar kostenlos als Geschenk erhalten.

Per Post... es kommt also kein Vertreter. Unverbindlich, also auch keine "moralische" Kaufverpflichtung. Mit viel neuer Mode... also einem Thema, das eigentlich jede Frau interessieren müßte.

Obwohl unsere Werbeabteilung die schönsten Fotos hat drucken lassen, um Katalog und Kassette so verlockend wie möglich zu zeigen, ist das Echo auf ihre Einladung, sich den Katalog kostenlos kommen zu lassen, nach meinem Gefühl viel zu gering.

Wenn nur zwei von hundert Frauen wissen wollen, wie Lamahaar aussieht und wie es sich anfühlt, dann stimmt etwas nicht.

Vielleicht wissen Sie sogar, was da nicht stimmt, denn wahrscheinlich haben auch Sie in der Vergangenheit schon einmal eine Einladung von uns erhalten, aber nie darauf geantwortet.

Liegt es daran, daß Lamahaar Sie ganz einfach kaltläßt, weil Sie sich nicht vorstellen können, was an diesem Material gegenüber Wolle oder Kamelhaar besonders sein soll? Dann bitte ich erst einmal um Entschuldigung, daß wir nicht deutlich genug gesagt haben, was unser Modekatalog sonst alles bietet: Blusen, Kleider, Kostüme und Mäntel von jugendlich-sportlich bis hochelegant auch aus echter Naturseide, feiner Schurwolle und reinem Kamelhaar.

Aber bleiben wir doch noch einmal beim Lamahaar. Dieses edle Material hat nur einen Nachteil: es ist in Deutschland noch zu unbekannt. Jede Frau weiß, was ein Nerz ist - und daß Nerz herrlich leicht und weich ist. Lamahaar hat ganz ähnliche Trageeigenschaften, kostet aber viel weniger.

Um das zu beweisen, haben wir die Kassette mit großen Originalmustern geschaffen, damit Sie hineingreifen, streicheln und fühlen können.

Was haben wir falsch gemacht, daß uns die kostenlosen Stoffmuster nicht geradezu aus den Händen gerissen werden? Mir macht es immer wieder Spaß, in den kuscheligen Flausch unserer Stoffe aus Lamahaar zu greifen, obwohl ich das schon so oft getan habe. Und ich glaube, da gar nicht anders zu sein als die meisten Frauen... übrigens auch nicht in puncto Mode, die eines der Hauptthemen ist, wenn ich beim Kaffee mit meinen Freundinnen zusammensitze.

Hat Ihnen das übrigens schon einmal einer von unseren Männern gesagt, wieviel Gesprächsstoff der Modekatalog und die Musterkassette von Peter Hahn für Ihr nächstes Kaffeekränzchen liefern können? Ich möchte beinahe wetten, daß die wenigsten Ihrer Freundinnen diesen Katalog kennen - und jede sehr daran interessiert sein wird, wenn Sie ihn herumreichen.

Habe ich Sie jetzt schon ein bißchen neugieriger auf unseren Katalog gemacht als die Männer aus unserer Werbeabteilung? Dann muß ich zu deren Ehrenrettung sagen, daß man als Frau natürlich ein ganz anderes Verhältnis zur Mode hat und vor allem weiß, wie gern sich Frauen Mode selbst dann anschauen, wenn sie überhaupt nichts kaufen wollen.

Deshalb schlage ich vor, daß Sie in der beiliegenden Karte nicht mehr sehen als die Einladung zu einem interessanten Schaufensterbummel, der allerdings den Vorteil hat, daß Sie ihn auch bei strömendem Regen "genießen" können, weil Sie dazu gar nicht erst aus dem Hause zu gehen brauchen.

Beim Schaufensterbummel gehen Sie nur dann in den Laden, wenn ein bestimmtes Modell Sie so sehr interessiert, daß Sie es anprobieren möchten. Mit unserem Mode-Katalog ist es im Grunde nicht anders - aber noch viel unverbindlicher, weil Sie dank der kostenlosen Musterkassette sozusagen "draußen" vor dem Schaufenster, ohne den Laden zu betreten, auch die Stoffqualität prüfen können!

Was das Probieren anbetrifft, so werden Sie in unserem Katalog eine höchst angenehme Entdeckung machen. Sollte Ihnen nämlich eines unserer Modelle so gut gefallen, daß Sie es am liebsten einmal ganz unverbindlich anprobieren möchten, dann läßt sich auch dieser Wunsch erfüllen... sogar per Post.

Das aber nur nebenbei, denn hier und heute geht es um nicht mehr als die Einladung zu einem zwanglosen Schaufensterbummel. Bei dem Sie ganz und gar selbst entscheiden sollen, ob es dabei bleibt.

Wenn Sie meine Einladung annehmen, dann können Sie die beiliegende Karte ohne Briefmarke an mich zurücksenden. Geben Sie die Karte aber bitte bald zur Post, damit ich mich nicht bei Ihnen blamieren muß, nachdem ich Sie so sehr gebeten habe, mir zu schreiben. (Das könnte passieren, wenn mein Appell "von Frau zu Frau" so viele Antworten bringt, daß die vorhandenen Kataloge nicht ausreichen).

Mit freundlichen Grüßen
Ihre

Margrit Hahn

P.S.: Außer vielen farbigen Modellfotos enthält der Katalog ausführliche Beschreibungen und eine Fülle interessanter Modetips. Es ist eigentlich ein richtiges Modemagazin... nur kostenlos!

I 50. Quelle – Direktverkauf Jeans

Auch ein Großversandhaus kann Briefe schreiben, die sehr persönlich klingen. Ich habe dieses Beispiel ausgewählt, weil hier eine fest umrissene Zielgruppe angesprochen wird: Junge Leute. Der Jargon des Briefes ist ihnen angepaßt.

Im Kapitel D 9. hatte ich Ihnen abgeraten, den Jargon Jugendlicher zu benutzen. Schon weil es normalerweise nicht glaubwürdig ist, daß der Herr Quelle oder sonst ein Geschäftsmann auf du und du mit den Freaks steht. Nun, was halten Sie nach der Lektüre dieses Beispiels davon?

Ich finde, dieser Brief ist größtenteils gelungen. Aber richtig „geil" (na, Sie verstehn schon) ist er auch nicht. Trotz flotter Sprüche sind wohl nicht immer der richtige Umgangston und die richtigen Motive getroffen. Ein Beispiel: „Sieht einfach schick aus. So richtig was für Leute, die mit der jungen Mode gehn." Grufti, ich hör dich klappern...

Kurz und gut: Briefe in (gleich welchem) Jargon sind eine Gratwanderung. Nur wer im Gelände heimisch ist, sollte das Risiko eingehen. Und sich gut überlegen, ob Firmenimage und Briefstil identisch sind.

Quelle
INTERNATIONAL

Europas größtes Versandhaus
8510 Fürth 500

Das ist ein Hammer:

Flotte Jeans im Western-Look
und gleich z w e i schicke Polo-Shirts,
alles zusammen nur 99,80 DM

Moment mal,

da bleibt einem glatt die Luft weg: echt tolle Jeans kosten sonst 'ne Stange Geld; auch bei Quelle kriegt man so was nicht geschenkt. Und dann noch zwei klasse Polohemden, sieht richtig gut aus. Aber alles zusammen für weniger als hundert Mark?!

Ist aber so - großes Ehrenwort. 'ne ganze Menge Mode für Leute von heute ... fast zum Taschengeld-Preis. Im Klartext:

* Ein Paar Marken-Jeans im echten Western-Style aus Original Broken Denim -vom Besten also, und das heißt immer noch: mit zwei aufgesetzten Taschen hinten und zwei praktischen Bogentaschen vorn, mit der modisch aktuellen Saumweite von 46 cm und naturfarbenen Bandgürtel... für nur 59,90 DM*;

* zwei Polohemden aus reiner Baumwolle, lässig, leger und genau das richtige für die Freizeit; mit weichem Kragen (wie beim Tennis-Hemd), einer Brusttasche, kurzem Arm und flotten Streifen am Kragen und am Arm. Jedes Hemd ist in Weiß, Gelb, Rot und Marine zu haben... 2 zusammen für nur 39,90 DM*.

Die Western-Jeans hat Quelle in 17 verschiedenen Größen. Da paßt jeder rein! Alle Größen kosten gleich viel, egal, ob dick, ob dünn. Wer will, kann sie sich kommen lassen und probeweise 'reinsteigen. Das ist vielleicht ein Gefühl! Und gibt ein (Spiegel-)Bild, das man selber leiden mag. Wetten?

Schon wie der Stoff sich anfaßt, ist klasse. Griffig und weich; eben reine Baumwolle. Nicht so bretthart und kratzig wie Jeans sonst oft sind.

Und dann die Farbe! Sieht aus wie schon mal gewaschen. Erraten! Ca. zwei Stunden lang haben die Leute in der Jeans-Fabrik die fertige Hose durch die Waschmaschine gedreht - in einem Spezialverfahren, das sie stolz "stone washed" nennen.

Das erinnert an bärtige Goldgräber, die ihre Jeans unten am Fluß auf den Steinen ausklopften, wenn sie dreckig waren. Waschpulver gab's da noch nicht. In puncto Farbe ist der Effekt übrigens der gleiche: der indigoblaue Stoff bleicht an bestimmten Stellen aus. Rundum über Nähten und Säumen ist die Farbe ausgewaschen, sind die Blue Jeans nicht mehr ganz so blue...

Sieht echt prima aus. Und Broken Denim ist so ziemlich das beste, was man für Jeans unter Schere und Nadel nimmt. Starke 13 3/4 Unzen wiegt der Stoff. So angenehm weich er sich auch anfühlt - das ist ein robustes, dichtes Gewebe, kaum totzukriegen!

Deshalb hat Quelle diesen Jeans das typische "EXPLORER"-Zeichen auf die Tasche gesteppt, zweimal hinten, einmal vorn auf die Münztasche (- ja, die gibt's auch noch; hätt' ich fast vergessen).

Mit dem "EXPLORER" zeichnen wir nur ausgewählte Freizeitmode aus, für die uns das Beste gerade gut genug ist. Damit Quelle-Kunden länger was davon haben. Das "EXPLORER"-Zeichen heißt in diesem Fall aber auch: Die Jeans sind nirgendwo sonst zu haben, nur bei Quelle. Logo!

Und dann die Hemden! Auch was zum Anprobieren... und Nicht-wieder-hergeben-wollen. Sieht einfach schick aus. So richtig was für Leute, die mit der jungen Mode geh'n - frech und flott, aber so, daß man sich darin wohlfühlt.

So ein Hemd - das trägt sich wie eine Streicheleinheit! Es ist hautsympathisch und die Luft geht durch, so daß man nicht schwitzt, und die Farben sind so frisch und irgendwie poppig, und überhaupt.

Ein Hemd, von dem man mindestens zwei braucht, egal, ob Weiß oder Rot, Gelb oder Marine. Wir haben sie extra für diese Jeans ausgesucht. Aber natürlich kann man sie auch "extra" bestellen oder gleich alle vier ordern.

Dann haben wir uns noch was Hübsches ausgedacht:

Zu jedem Polohemd gibt's alle zwölf Tierkreiszeichen zum Aussuchen und Aufbügeln! Einfach ausschneiden, auf die Brusttasche legen oder wo immer man möchte, drüberbügeln - fertig. Sozusagen ein ganz persönliches Markenzeichen.

Außerdem ist mit diesem hübschen "Monogramm" sichergestellt, daß der Löwe nicht immer das Polohemd der Jungfrau anzieht oder der Wassermann dem Steinbock ins Gehege kommt. (Nur bei Zwillingen wird's schwierig.)

Die Tierkreiszeichen zum Ausschneiden, Abziehen und Aufbügeln gibt es in Blau für die Polohemden in Weiß, Gelb und Rot, sowie in Weiß für das marine Hemd. Eine kleine Aufmerksamkeit für Quelle-Kunden, die was für'n heißen Tip übrighaben und jetzt zur Bestellkarte greifen.

Einfach 'mal kommenlassen, die Sachen - ansehen und anprobieren kostet nix! 14 Tage Rückgaberecht sind sowieso "drin".

Wer sich nicht entschließen kann, die Karte jetzt gleich zurückzuschicken, wird nachher ganz schön sauer sein, wenn dieses Angebot nicht mehr zu haben ist: Einmal knackige "EXPLORER"-Jeans und gleich zwei Klasse-Polohemden für weniger als hundert Mark... für nur 99,80 DM*.

Also - wo bleibt die Karte?

Ihre Quelle International

K.F. Nikola

* Das Sternchen hinterm Preis soll heißen: zuzüglich Versandkostenanteil. Die Versandkosten stehen im Prospekt und auf der Bestellkarte.

222/63/III.82/250

I 51. Gesellschaft für Neues Lernen – Sprachkurs-Angebot

Dieser Brief hat vor allem eine interessante Einleitung. Trotzdem scheint sie mir nicht 100%ig geglückt.

Sie kommen der Sache auf die Spur, wenn Sie versuchen, die Einleitungssätze ohne Firmennamen zu formulieren. Dann müßte es etwa heißen: „Wenn diese und jene kleinere Firma Super-Learning-Kurse einsetzt, kann das ein Zufall sein. Wenn aber auch international erfahrene Unternehmen unsere Kurse einsetzen, hat das sicher etwas zu bedeuten."

Das Prinzip dieser Konstruktion ist die Steigerung. Die ist hier aber nicht zu erkennen. Im Gegenteil: Im zweiten Satz sind auch weniger große Firmen verteten. Das klingt ein bißchen wie: „Daß ich bei der Olympiade die Goldmedaille gewonnen habe, mag Zufall sein – aber daß ich beim Turnfest in Kleinkleckersdorf den Ersten gemacht habe, das sagt schon was."

Man hätte also die nicht ganz so großen, nationalen Firmen im ersten, Unternehmen von Weltgeltung wie IBM, Lufthansa oder Siemens im zweiten Satz plazieren sollen. Die Einleitung würde sich dann logischer anhören und an Überzeugungskraft gewinnen.

Die zweite Seite kommt mir durch das Aufzählen der Kurse etwas langatmig vor; diese Angaben hätte ich lieber ins begleitende Informationsmaterial „verbannt" und den Brief nur zur Motivierung verwendet.

Gesellschaft für Neues Lernen mbH
Anne-Frank-Straße 97 · 6000 Frankfurt/Main 50

schnell und bequem
SPRACHEN
lernen

Superlearning-Cassetten-
Sprachkurse in:
- Englisch
- Französisch
- Italienisch
- Spanisch
- Griechisch
- WIRTSCHAFTS-ENGLISCH
- Spezialkurse auf Anfrage

GNL mbH · Anne-Frank-Str. 97 · 6000 Frankfurt/Main 50

Frau Dipl.-K. Schulz-Dievenow
c/o Marketingberatung Schulz-Dievenow
Geschäftsleitung
Kempstraße 64

4952 Porta-Westfalica 1

Ihr Zeichen	Ihre Nachricht	Unser Zeichen	Datum
			08.04.1988

Vielen Dank für Ihr Interesse an:
"Englisch etc. lernen und erweitern", für Sie und Ihre Mitarbeiter

Sehr geehrte Frau Schulz-Dievenow,

wenn Daimler-Benz, IBM, AEG, Lufthansa und Siemens unsere Super-Learning-Kurse zur Mitarbeiterschulung einsetzen, kann das ein Zufall sein.
Wenn aber auch VW-Porsche, BASF, ALDI, BMW, Ruhrkohle, BBC, Kaufhof, Hoechst, Krupp, SEL, Miele, Esso, MBB, Ford, Nixdorf und viele andere mittelständische Firmen und tausende von Privatpersonen ebenfalls unsere Superlearning-Kurse einsetzen, dann hat das sicher auch in Ihren Augen etwas zu bedeuten.

Es muß daher - objektiv und nüchtern betrachtet! - an den GNL-Super-Learning-Kursen etwas "dran" sein... unabhängig von unseren Argumenten. Dafür sprechen auch die Erfahrungen von Audi-Managern, die sich beim Lernen sogar noch erholten, wie das "manager magazin" schreibt.

Auch Sie, Ihre Sekretärin und andere Mitarbeiter lernen in kurzer Zeit zu Hause z.B.: FRANZÖSISCH... verstehen, sprechen, schreiben.

Superlearning zeichnet sich im Unterschied zu anderen Methoden durch Lernen bei völliger Entspannung aus. Beim Lernen "erholen" ist keine Übertreibung. Dazu dient ein spezielles, dem autogenen Training verwandtes Entspannungs- und Konzentrationsprogramm, das der Vermittlung des Lehrstoffes vorausgeht.

Die dadurch erzielte tiefe körperliche und geistige Entspannung bewirkt u.a. eine niedrigere Gehirnwellen-Frequenz, bei der Lerninhalte wesentlich leichter und schneller aufgenommen werden. Auch die Worterinnerungs-Quote steigt dadurch gegenüber herkömmlichen Lernmethoden erheblich an.

-Rückseite-

Tel.-Nr. 069-519111
Frankfurter Sparkasse von 1822, Kto.-Nr. 397474, BLZ 50050201, Postgiro Frankfurt, Kto.-Nr. 36 67 76-609, BLZ 500 100 60
Handelsregister Frankfurt Nr. 26409, Geschäftsführer G.-J. Bachor

Prof. Losanow bekam die Idee des "Superlearnings" in den 60er Jahren. Er beobachtete nämlich, wie indische Mönche mühelos extrem lange Bibel-Texte auswendig lernten. Ihr Geheimnis:

Bestimmte rhythmische Atemtechnik, sanfte Musik, tiefe Entspannung.

Wenn wir Superlearning als "Lernen fast wie im Schlaf" bezeichnen, entspricht das also den Tatsachen. Ohne Risiko können Sie jetzt den Kurs Ihrer Wahl persönlich testen. Dieser Test wird auch Sie, durch den persönlich erlebten Lernerfolg, begeistern. (Antw.-Karte benutzen)

Grundkurse in **Englisch, Französisch, Spanisch** und **Italienisch** vermitteln ca. 85 % der jeweiligen Umgangssprache. **Nur DM 295,-- + Mwst kostet ein kompletter Kurs.** (Keine weiteren zusätzlichen Kosten)

Fortgeschrittenen-Kurse kosten auch nur 295,-- DM + Mwst.

Neu: Berufsfach-Vokabelkurse in Englisch gibt es für:

--Sekretärinnen	--Mediziner	--Steuerberater	--Werbung/Marketing
--Maschinenbau	--Architekten	--Juristen	--Hotel/Touristik
--Elektrotechnik	--Chemiker	--Bank / Börse	--K F Z - Technik
--M a n a g e r	--Zahnmedizin	--Psychologie	--Textil-Handel

Der Wirtschaftsenglisch-Kurs beinhaltet wichtige Beispiele aus der engl. Handelskorrespondenz. Z.B.: Anfragen, Angebote, Bestellungen, Zoll- und Zahlungsabwicklung, Reklamationen, Umtausch usw. usw.

Überlassen Sie internationale Kontakte nicht nur den "Großen". Sie und Ihre Mitarbeiter sollten auch die internationalen Chancen besser nutzen. Sprachbarrieren abbauen ist, dank der o.g. Kurse, auch für Sie leicht möglich. Ihr Tor zu mehr Erfolg ist offen.

Bestellen Sie noch heute zum Testen "Ihren" Kurs ohne Risiko, mit der beigelegten Bestellkarte. Sie, Ihre Sekretärin oder andere Mitarbeiter wird diese Lernmethode überzeugen und Erfolge bringen.

We are looking forward to your early reply.

Yours faithfully

Hans Jürgen Kaiser

PS: --Die Sprach-Kurse werden voll als Betriebsausgabe anerkannt.

--Auch Ihre Familie und Kinder profitieren von den Kursen.

I 52. Haufe – Direktverkauf Nachschlagewerk

An diesem Werbebrief finde ich drei Dinge besonders bemerkenswert:

Die „starke" Schlagzeile.

Die Art und Weise, wie dem Leser die Angst vor dem dicken Wälzer genommen wird. Er „muß nicht lesen", sondern wird auf gezielte Fragen genaue Antwort finden.

Schließlich das Angebot, 30 Tage (!) zur Ansicht zu liefern. Ja wenn das sooo ist...

Die Perfektion stört eigentlich nur, daß einige Sätze (so bereits die Schlagzeile) zu lang geraten sind und dadurch nicht so glatt runtergehen. Und was mit dem Satz „Denn jeder Gewinn ist nun einmal etwas ganz Persönliches" gemeint ist, weiß wohl nur der Schreiber.

Rudolf Haufe Verlag

Firma
Heidi Hager Werbung
Alten Graben 9

7750 Konstanz

Freiburg. 10.5.1988

Geben Sie mir zwei Minuten Ihrer Zeit und ich sage Ihnen, wie Sie das Ziel "Runter mit den Kosten - rauf mit dem Gewinn" verwirklichen können.

Sehr geehrte Leserin,
sehr geehrter Leser,

haben Sie auch manchmal das Gefühl, daß im Zahlenlabyrinth Ihres Rechnungswesens noch "Luft" drin ist?

Ein bekannter Unternehmer, mit dem ich mich kürzlich unterhielt, meinte gar, daß sein jetzt nach dem neuesten Stand arbeitendes Rechnungswesen seinem Betrieb jeden Monat mehr Geld hereinspiele, als die Umsätze von drei guten Außendienstleuten.

Lernen Sie deshalb jetzt ein Werk kennen, das Ihnen neue Wege vom Umsatz zum Gewinn zeigt. Sie bekommen dazu die entscheidenden Informationen in der Praxis des Rechnungswesens (Expertenkürzel "PdR").

Ein Handbuch und Nachschlagewerk für die betriebliche Praxis. Rund 3.900 Seiten in 3 ergänzbaren Sammelordnern zum günstigen Preis von nur DM 49,50 für alle drei Bände zusammen.

Vielleicht heben Sie jetzt abwehrend die Hände und sagen:
Muß ich das etwa alles sofort lesen?

Keine Sorge, das ist ja gerade der besondere Vorteil dieses jederzeit aktuellen Werkes. Immer dann, wenn Sie eine Antwort auf eine spezielle Frage suchen, gibt Ihnen "PdR" die Antwort. Zum Beispiel auf Fragen wie die folgenden:

- bitte wenden -

Wie erzielen Sie höhere Gewinne mit der Deckungsbeitragsrechnung?

Welche Signale gibt Ihnen eine Artikelerfolgsrechnung?

Wie machen Sie Ihre Investitionsrechnungen praxisnäher?

Wie kann Ihnen der Mikro-Computer helfen, Kosten zu sparen?

Wie erstellen Sie einen inhaltlich klaren und richtigen Jahresabschluß nach neuem Bilanzrecht?

Schon diese wenigen Fragen sind auch Fragen nach einem funktionierenden Rechnungswesen. Sehen Sie, und genau da setzt das Konzept der "Praxis des Rechnungswesens" an. Mit dem Kernstück: Speziallexikon des Rechnungswesens.

Auf verblüffend einfache Art und Weise können Sie sich rasch und unkompliziert über wichtige Begriffe wie z.B. Zero-Base-Budgetierung, Profit-Center, Factoring, derivativen Firmenwert, Cash-Flow, Netzplantechnik und "Geheimbuchführung" informieren.

Dieses Lexikon bietet Ihnen nur die "Praxis des Rechnungswesens".
Sie bekommen es sonst nirgendwo.

Wollen Sie den Weg für stabile Gewinne in den folgenden Jahren gehen?
Dann gibt es eigentlich nur einen einzigen, den richtigen Entschluß:

Fordern Sie mit der beiliegenden Bestellkarte die "Praxis des Rechnungswesens" unverbindlich für 30 Tage (!) zur Ansicht an.

Lassen Sie sich die Chance, Ihren persönlichen Erfolg und den Ihres Unternehmens in den folgenden Jahren zu steigern, nicht entgehen. Denn jeder Gewinn ist nun einmal etwas ganz persönliches. Wie jeder Erfolg überhaupt.

Senden Sie einfach die beiliegende Karte ab. In 4-5 Tagen haben Sie die "Praxis des Rechnungswesens" in Ihrem Büro und können sich selbst davon überzeugen, daß ich Ihnen nicht zuviel versprochen habe.

Mit freundlichen Grüßen
und weiterhin gute Geschäfte -
mit guten Gewinnen
Ihr
RUDOLF HAUFE VERLAG
Freiburg / Breisgau
- Geschäftsführung-

Jahrmarkt

Dr. Manfred Jahrmarkt

Für Ihren raschen Entschluß, die "PdR" zu prüfen, werden Sie belohnt: Zusammen mit der Sendung erhalten Sie ein nützliches "Dankeschön".

Rudolf Haufe Verlag · Postfach 740 · 7800 Freiburg · ☎ (0761) 3683-0 · **Telex:** 772442 haufe d · **Telefax:** (0761) 3683-236 · **Btx:** *33933 #

I 53. PRIMA – Begleitbrief eines Probeexemplars

Die Frauenzeitchrift PRIMA macht prima Werbung. Selbst Begleitbriefe zu Informationsmaterial, die normalerweise zum Langweiligsten gehören, was die Werbung produziert, kommen frisch und munter daher.

Lesen Sie selbst, mit welcher Begleitmusik der Werbeleiter ein Leseexemplar an Werbeagenturen verschickt. Da macht das Lesen Spaß!

Kommt Ihnen die Casanova-Story bekannt vor...? Richtig, sie steht auch am Anfang dieses Buches. Sie hat mir nicht nur gut gefallen, sie trifft auch die Situation eines Briefeschreibers, der sein Publikum studieren muß. So habe ich Herrn Feuerstein gebeten, den Briefanfang für ein Vorwort abwandeln zu dürfen.

Wenn Sie die beiden Texte vergleichen, werden Sie feststellen, daß das Original zweifellos besser gelungen ist. Hier ist einfach alles aus einem Guß. Das zeigt eine Gefahr: Wirklich gute Briefe werden beim Adaptieren selten besser.

Andererseits: Wenn Sie keinen direkten Vergleich ziehen, wird Ihnen nicht auffallen, daß ich abgekupfert habe. Sie werden den Vergleich mit den Methoden Casanovas vermutlich einleuchtend und interessant finden. Das ist die Chance, wenn man sich von fremden Ideen inspirieren läßt: Man entdeckt Wege, auf die man selbst nicht gekommen wäre.

Die Frauenzeitschrift

prima

Herrn
Reiner Hager
c/o Heidi Hager Werbung
Alten Graben 9

D 7750 Konstanz

Hamburg, 10. Juni 1988

PRIMA Tip im Juni:

Kupfern Sie heute mal die
Methode Casanovas!

Sehr geehrter Herr Hager,

Casanova startete nie zu einer Eroberung, ohne die betreffenden Damen vorher sehr genau unter die Lupe zu nehmen.

Er studierte ihre Vorlieben, Gewohnheiten, Wünsche. Wenn man bedenkt, wie viele Frauen er schließlich von seinen Angeboten überzeugen konnte, dann muß die Methode gut gewesen sein!

Vergessen Sie heute ausnahmsweise mal alle Planung, Zählung, Marktforschung - steigen Sie 188 Seiten lang in die herrliche, bunte Welt der Frauen ein. Die neueste PRIMA zeigt Ihnen, wie sie sich kleiden, schmücken, pflegen - was sie gern essen und welche Hobbys sie haben.

Erst studieren, dann erobern - mehr als 640.000 PRIMA-Käuferinnen warten auf Ihre Eroberung!
Viel Spaß beim Blättern!

Mit freundlichen Grüßen
Ihr

Fred Feuerstein
Anzeigenleiter PRIMA

PRIMA Anzeigenabteilung
Postfach 30 20 40, 2000 Hamburg 36
Telefon (040) 41 18 29 41 / 23 05

I 54. Biffar – Begleitbrief zu Informationsmaterial

Inhaltlich ein eher konventioneller Begleitbrief. Er gibt dem Leser keine zusätzlichen Informationen zum Prospekt. Aber er macht den gleichen Eindruck wie die besprochenen Türen: Solide, gute Handwerksarbeit.

Und dazu macht er Atmosphäre. Gleich zu Anfang werden ganz massiv die Gefühle angesprochen: Bedürfnis nach Schutz, Sicherung des Wertes, Ansehen bei Nachbarn und Besuchern. Zum Schluß kommt noch die individuelle Note ins Spiel.

Von der Optik her gesehen: In diesem Brief ist etwas zu viel unterstrichen. Die Punkte, auf die das Auge springen soll, sind dadurch nicht mehr so eindeutig.

Nicht gerade umwerfend – aber immerhin: Auch keine der üblichen Floskelsammlungen.

Biffar®
Studio-Dienst

In den Seewiesen
6732 Edenkoben/Pfalz
Telefon 0 63 23/8 01-0

Sie haben Informationen über Biffar-Produkte angefordert. Die schützen Sie und Ihre Familie und nützen Ihrem Haus, damit es an Wert, Komfort und Ansehen gewinnt.

Sehr verehrte Interessentin,
sehr geehrter Interessent,

herzlichen Dank für Ihr Interesse an Biffar-Produkten.

Wir bieten Ihnen Haustüren in handwerklicher Fertigung und technischer Perfektion. Biffar verarbeitet Holz, Metall und Glas fachgerecht und in anspruchsvoller Gestaltung. Wir zeigen Ihnen Haustür-Qualität und Haustür-Ideen, die Sie sonst nirgends finden. Und zu Ihrer Sicherheit gibt es jetzt das neue, einmalige Schloß- und Schließsystem Biffar-SBS, das "Schwenkriegel-Blockier-System".

Der Hauseingang wäre nicht komplett, würden Bewohner und Besucher nicht durch ein Vordach geschützt. Auch hier zeigt Ihnen Ihr Biffar-Studio Vordächer nach eigener, ausgereifter Konstruktion. In Materialien, die mit Haus und Haustür harmonieren.
Ein echter Schutz!

Ihr Biffar-Studio hat mich gebeten, diesem Brief eine Einladung beizulegen. Ich freue mich, wenn Sie in den nächsten Tagen einmal ins Biffar-Studio gehen.
Unser Studio-Team erwartet Sie und kann Ihnen viel Neues und Interessantes zeigen.

Herzliche Grüße
Ihr

Oskar D. Biffar

- Oskar D. Biffar -

PS:
Zwar haben wir Ihnen eine erste Information beigelegt. Nur eines können wir Ihnen nicht zeigen: Ihre ganz persönliche Lösung. Ihr Biffar-Studio wird aber eine spezielle Problemlösung für Ihr Haus mit Ihnen erarbeiten.

155. Greifzug – Begleitbrief zu Informationsmaterial

Dieser Begleitbrief ist ein Werbebrief, der auch allein wirken würde. Er erzählt dem Leser viel über den Nutzen des Produktes, und das in völlig anderer Form als das beiliegende Info-Material.

Vielleicht hätte die Betreff-Zeile ein bißchen interessanter wirken dürfen. Und zu sagen, die Anzeige habe den Leser „so neugierig gemacht...", halte ich auch nicht für ganz glücklich. Das sind aber nicht mehr als zwei Tropfen in einem Meer von gut gewählten Worten.

Beachten Sie auch, wie einfach rechts im Briefkopf die Kontaktaufnahme gemacht wird. Trotzdem hätte ich den Brief nicht nur mit einem unleserlichen Kringel unterzeichnet.

Greifzug Hebezeugbau GmbH

B r i e f d r u c k s a c h e

Aabi GmbH
Geschäftsleitung
Postfach 20 50

4950 Minden

Unser Zeichen: AZ.881.719-1
Verantwortlich: Herr Gräfe
Durchwahl: 0 22 02/10 04-25

Datum: 15.07.88

Ihre Anfrage aufgrund einer
Anzeige über den MINIFOR in der Zeitschrift INDUSTRIEAUSRÜSTUNGSMAGAZIN

Sehr geehrte Damen und Herren,

die Anzeige über den Motorseilzug MINIFOR hat Sie so neugierig gemacht, daß Sie nach mehr Information verlangten. Hier ist sie. Nehmen Sie sich jetzt nur fünf Minuten Zeit und lesen Sie selbst, wie vielseitig Sie diesen Seilzug nutzen können.

Ob Sie 'vom Bau' sind, ob Sie Ihr Geld mit Montagearbeiten verdienen, ob Sie für die Instandhaltung eines Betriebes verantwortlich sind - Ihnen allen hilft der MINIFOR, Ihre Hubprobleme zu lösen, Ihnen eilige Montagearbeiten zu erleichtern. Für jede Hubhöhe. Und auch zum Ziehen!

Kompakt wie eine Werkzeugtasche, mit praktischem Griff, nur 21 kg leicht: der MINIFOR ist äußerst handlich. Das wird Ihnen bei jedem eiligen Einsatz aufs neue angenehm auffallen.

Nutzen Sie die vielfältigen Anwendungsmöglichkeiten des neuen MINIFOR - für die ganz schnell Entschlossenen liegt ein Direkt-Bestellschein bei. Sagen Sie selbst: Der MINIFOR ist doch erstaunlich preiswert! Da macht sich die Anschaffung allein durch die gesparte Zeit sehr bald bezahlt.

Und wenn Sie diesen neuen Seilzug erst mal selbst 'unter die Lupe nehmen' wollen - verlangen Sie noch heute eine kostenlose Vorführung! Dazu die unverbindliche Beratung - ein Service, der uns selbstverständlich ist. Anruf genügt - verlangen Sie Herrn Gräfe. Oder Sie schicken uns noch heute den "Beratungs-Gutschein" zu, nachdem Sie Ihre Wünsche eingetragen haben.

Sie werden sehen - "GREIFZUG hilft in jeder Lage!"

Mit freundlichen Grüßen

Anlagen:
- MINIFOR-Prospekt
- Direkt-Bestellschein mit Beratungs-Gutschein
- Programmübersicht

P.S. MINIFOR - der schnelle Montagehelfer für jede Hubhöhe. Leicht und handlich. Einfach und sicher. Und preiswert!

GREIFZUG Hebezeugbau GmbH · D-5060 Bergisch Gladbach 2 · Scheidtbachstraße 19-21 · Postfach 200440
Telefon 02202/1004-0 · Telefax 02202/1004-50 · Teletex 2627-220232=Gzug
Handelsregister Bergisch Gladbach 1. HRB 1106 · Geschäftsführung: Clemens Vedova, MBA Insead, Dipl.-Ing. Jean-Claude Trutt

I 56. Pfau – Begleitbrief zu Informationsmaterial

Dieser Brief wurde zusammen mit Prospekt und Antwortmittel als Beilage in einer Fachzeitschrift eingesetzt. Ich habe ihn ausgewählt, weil er einen bestimmten Typ von Begleitbrief repräsentiert:

Es ist ein „Motivierer", der den „Informierer" (Prospekt) ergänzt und dessen Wirkung steigert. Er wirkt also auf der emotionalen Ebene, während das Informationsmaterial die Ratio anspricht. Dort werden z.B. die im letzten Abschnitt genannten Produkte abgebildet und beschrieben.

Was meistens bei Begleitbriefen im Vordergrund steht - Bezugnahme auf die geschätzte Anfrage, auf den beiliegenden Prospekt, das nochmalige Herunterbeten der Produkteigenschaften – ist für den Leser nur langweilig. Solche Brief würden besser nicht geschrieben. Versuchen Sie Begleitbriefe zu schreiben, die auch für sich allein bestehen – die den Leser pakken und ihm erst richtig Appetit auf die weiteren Informationen machen.

Pfau Briefhüllen

Geschäftsleitung

Wie kann Ihr Mailing
25 %, 60 % oder 130 %
mehr Erfolg bringen?

Lieber Leser von Direkt- Marketing,

jetzt sollten Sie daran denken, wie Sie den Erfolg Ihres nächsten Mailings entscheidend verbessern können - mit raffinierten Interesseweckern und Reaktionsverstärkern von PFAU.

Warum das so wichtig ist? Bis zu 50 % aller Aussendungen (und mehr) scheitern bereits im ersten Augenblick. So schnell fällt die Entscheidung zwischen Papierkorb und Interesse - und nur der Umschlag kann diese Barriere überwinden. Erst dann haben Argumente die Chance, gelesen zu werden.

Doch Lesen ist noch nicht Handeln. Auch vor dem Bestellen steht eine Mauer der Trägheit, die nur ein aktivierendes Antwortmittel durchbricht.

PFAU beflügelt den Erfolg... mit pfiffigen Versandhüllen und Rückumschlägen. Sie wirken dort, wo die Kommunikation am leichtesten abreißt.

Werbefenster*, Klebemarken*, Aufreißperforation*, Bumerangs*, Numerierung*, Responser*: was macht Ihre Direktwerbung erfolgreicher? Anregungen liegen bei - und wenn Sie heute noch Muster und Angebote anfordern, können Sie tatsächlich schon mit dem nächsten Mailing noch mehr Erfolg haben. Dafür lohnt sich doch eine rasche Antwort!

Dankeschön und freundliche Grüße

Ihr

Dr. Peter Haunß

* PFAU ist der Pionier für Umschläge mit Pfiff - und hat das Know- how, auch ausgefallene Umschlag- Ideen preiswert und kurzfristig zu verwirklichen.

Wilhelm Pfau GmbH & Co. Briefhüllenfabrik · Wilhelmstraße 51 · Postfach 2829 · D-7100 Heilbronn · Telefon (07131) 68981* · Telex 728338 pfau d · Telefax (07131) 627336
Kommanditgesellschaft, Sitz und Reg. Gericht Heilbronn HRA 1377 · Komplementär: Haunß Beteiligungs- und Verwaltungs-GmbH, Sitz und Reg.-Gericht Heilbronn HRB 747
Geschäftsführer: Emil Haunß, Dr. Peter Haunß

157. Holzmann Verlag – Nachfaßbrief

Häufig sind Nachfaßbriefe ein weinerliches Lamento, weil der Kunde noch nicht bestellt hat – oder ein langweiliges „Erinnern Sie sich noch...?". Selten sind es Musterbeispiele für interessante, kundenfreundliche Texte. Dies hier ist eins.

Der Nutzen der Zeitschrift in Form von praktisch verwertbaren Tips wird anhand der „Wie Sie"-Sätze deutlich herausgearbeitet. Das leitet zwanglos zum Vorschlag über, sich so nützliche Tips künftig regelmäßig zu sichern. Eine klare (und begründete) Bestell-Aufforderung schließt den Brief, und das PS bietet ein echtes Bonbon.

Das Adreßfeld ist sicher freigelassen, um nachträglich die Adresse einzusetzen. Aber was soll das vorgedruckte Datum? Und ob der Brief vor dem Verschicken noch unterschrieben wird?

Die Fleischerei

Internationale Fachzeitschrift für Fleischverarbeiter in Handwerk und Industrie

Revista internacional especial para la técnica carnicera y elaboración cárnica

Magazin international pour la préparation industrielle et artisanale de la viande

International magazine for meat processors in trade and industry

Hans Holzmann Verlag · Postfach 13 42 und 13 43 · D-8939 Bad Wörishofen

Ihr Zeichen
Ihre Nachricht
Unser Zeichen fg-km
Tag 20.5.88

Sehr geehrter Leser

Im vergangenen Monat erhielten Sie unsere Fachzeitschrift 'Die Fleischerei' kostenlos ins Haus geliefert.

Mit dieser kostenlosen "Probelieferung" wollen wir Ihnen die Fachthemen der Zeitschrift näherbringen. Hatten Sie inzwischen Gelegenheit, sich mit dem Heft auseinanderzusetzen? Vielleicht konnten Sie schon den einen oder anderen Tip in die Praxis umsetzen.

Beispielsweise:

- Wie Sie an Staatsaufträge kommen
  Nicht nur für die "Großen" interessant (Seite 179)
- Wie Sie Großverbraucher gewinnen
  2.Teil - Die richtige Kalkulation (Seite 181)
- Wie Sie steuerfreie Zulagen und staatliche Zuschüsse nutzen
  Investitionshilfen von Bund, Länder u.Gemeinden (Seite 226)

Das sind nur einige Themen aus einer Vielzahl wichtiger und aktueller Informationen. Sichern Sie sich diese wertvollen Anregungen und Tips auch für die Zukunft regelmäßig, indem Sie ständiger Leser von 'Die Fleischerei' werden.

Am besten beiliegende Bestellkarte ausfüllen und gleich abschicken, damit Sie keinen der Beiträge versäumen.

Mit freundlichen Grüßen

Hans Holzmann Verlag GmbH & Co.KG

Franz Gaum

Übrigens: Wenn Sie jetzt bestellen, erhalten Sie ein Original Schweizer Messer als Begrüßungsgeschenk.

Hans Holzmann Verlag GmbH & Co KG
8939 Bad Wörishofen
Gewerbestraße 2
Postfach 1342 und 1343
Telefon: (08247) 354-0
Telegramme: holzmannverlag badwoerishofen, Telex 539331
Telefax: (08247) 354-170
Teletex 824781 = HHVuHDS

Bankverbindungen:
Sparkasse Bad Wörishofen 101709 (BLZ 73151750)
Volksbank Bad Wörishofen 0201901 (BLZ 73191700)
Bayerische Hypobank Bad Wörishofen 2080173604 (BLZ 73420546)

Postgirokonto:
München 17930-807 (BLZ 70010080)
für Zahlungen aus Österreich:
Österr. Postsparkassenamt Wien 1337198;
für Zahlungen aus der Schweiz:
Postscheckamt Zürich 2, Nr. 80-54743

HR Amtsger. Memmingen HRA 5059
Komplementär
Holzmann Verlag GmbH
Bad Wörishofen
Amtsger. Memmingen HRB 5009

Hans Holzmann Verlag
Der Partner, der Impulse gibt.
Für Handwerk, Dienstleistung und Industrie

158. Weber – Nachfaßbrief

Möglicherweise offen gebliebene Fragen können ein guter „Aufhänger" für Nachfaßbriefe sein. Entweder beantworten Sie diese im Brief – oder bieten weitere Beratung an.

Hier erkennt der Leser vermutlich mindestens eines seiner Probleme (oder Vorurteile) und erfährt, daß es eine Lösung gibt. Die wird allerdings nicht gleich verraten – und das finde ich gut. Man will ja mit den Interessenten reden.

Lediglich den Satz „In allen uns vorgelegten Fällen konnten wir gute Lösungen anbieten" hätte ich mir etwas überzeugender gewünscht. Das spiegelt ja nur den Standpunkt des Anbieters wider. Gibt es kein Kundenurteil, das man zitieren könnte? Oder zwei, drei Namen? Oder hätte man besser gesagt: „Jedes dieser Probleme konnten wir zur vollen Zufriedenheit der Auftraggeber lösen"...?

CCD®Weber
Kommunikationssysteme · Klimatechnik

Erinnern Sie sich an unsere
Rohrpost - Information?

Das Interesse an weiteren Infoś aufgrund unserer Rohrpost-Werbung war groß.

Die 3 häufigsten Fragen waren:

a. Ist denn eine Rohrpostanlage nicht zu laut für unseren Einsatz?

b. Läßt sie sich insbesondere in vorhandenen Räumen so installieren, daß sie nicht sichtbar ist?

c. Kann die Montage ohne Störungen des laufenden Betriebes und ohne großen Dreck ausgeführt werden?

In allen uns vorgelegten Fällen konnten wir gute Lösungen anbieten.
Darum lassen Sie uns auch mit Ihnen über Einsatzmöglichkeiten und gute Installationen sprechen.

Senden Sie uns die beigefügte Antwortkarte oder rufen Sie einfach an unter
Tel: 0521 - 881003.

DIE ROHRPOST BRINGTS!

Mit freundlichen Grüßen

CCD Weber GmbH
Kommunikationssysteme

Dieter Pellmann

Anlage

CCD Weber
Kommunikationssysteme · Klimatechnik
Jöllenbecker Str. 185 4800 Bielefeld 1 | Geschäftsführer: D. Weber, G. Weber | Sparkasse Bielefeld (BLZ 480 501 61) 311 109 27 | Volksbank Bielefeld (BLZ 480 600 36) 303 702 800 | 20 HRB 30 583 CCD Weber GmbH | Teletex 5 218 183 ccad | ☎ 0521 88 10 03

Herzlichen Dank,

verehrter Leser: Sie haben fürs Lesen dieses Buches viel Mühe und Geduld aufgewendet, um wirksame Werbebriefe zu schreiben.

Ich hoffe, daß Sie im Lauf dieser vielen Seiten einige AHA-Erlebnisse hatten, die Ihnen das Weiterlesen erleichterten. Wenn nicht, haben Sie immerhin eine Bestätigung mehr dafür, daß Sie bereits zu den „ausgekochten" Profis der Briefwerbung zählen.

Glauben Sie nicht, Sie müßten unbedingt von Anfang an alle Tips beherzigen und sofort einen perfekten Brief bauen. Es genügt, wenn Sie die Resultate Schritt für Schritt verbessern. Mit wachsender Routine werden Sie Möglichkeiten erkennen, die Ihnen beim ersten Durchlesen gar nicht aufgehen.

Das setzt aber voraus, daß Sie nicht in der Routine erstarren. Stellen Sie sich immer wieder der Kritik. Messen Sie Ihre Briefe an jenen, die Ihnen in Ihrer Post positiv auffallen. Und stellen Sie sich immer wieder der Kritik – komme sie von Ihnen selbst oder von außen.

Lassen Sie sich aber nicht von Kritikern verunsichern, wenn Ihre Briefe Erfolg haben. Es liegt in der Natur der Sache, daß wirksame Ansprache auch Widerspruch provoziert – um so mehr, je stärker sie wirkt.

Ihr Maßstab ist der Erfolg. Ich wünsche Ihren Briefen recht viel davon.

Stichwortverzeichnis

T

U

V

W

Z

A. Konzipieren

Zuerst müssen wir überlegen, was der Leser von unserem Angebot erwartet, wie wir es ihm schmackhaft machen können – und die notwendigen Fakten sammeln. Also bitte: Nur Stichwörter notieren, nichts fertig formulieren. Wenn Sie mit einer Frage Schwierigkeiten haben: Bitte in den Erläuterungen nachsehen.

A 1. Welche Motive bewegen den Leser, auf Ihr Angebot einzugehen und schließlich zu kaufen?

A 2. Welche Vorteile hat der Leser, der das Angebot annimmt (kauft, reagiert)?

A 3. Gibt es „Umfeld-Bedingungen“, die für den Käufer einen Zusatznutzen bedeuten?

A 4. Oder kann man solche dem Angebot förderlichen Bedingungen schaffen?

A 5. Gewichten Sie die Vorteile. Welcher ist der wichtigste?

A 6. Welches Problem des Lesers wird durch das Produkt oder eine seiner Eigenschaften gelöst?

A 7. Ist Ihr Angebot ohne Konkurrenz?

A 8. Falls nicht: Welche Unterschiede gibt es zu Angeboten der Konkurrenz?

A 9. Verknüpft Ihr Leser bestimmte Wertvorstellungen mit Ihrem Angebot – hat es ein „Image“?

A 10. Welches sind die häufigsten Fragen und Einwände, die gegen das Angebot vorgebracht werden?

A 11. Wie kann die Reaktionsschwelle für den Leser möglichst niedrig gehalten werden?

A 12. Gibt es einen Grund, weshalb der Leser möglichst rasch reagieren sollte? (Wenn nicht: läßt sich einer schaffen?)

A 13. Welches „Extra-Bonbon“ könnte man dem Leser für seine (rasche) Reaktion bieten?

B. Rohtext erstellen

In diesem Arbeitsschritt werden wichtige Fakten in Textbausteine verwandelt. In B 1. bis B 4. werden alternative Möglichkeiten erörtert – lesen Sie erst in einem Zug durch, und betrachten Sie die Punkte im Zusammenhang.
Um die Gliederung und den inneren Zusammenhalt des Rohtextes kümmern wir uns erst am Schluß. Die Feinarbeit des Formulierens folgt in den Kapiteln C und D.

B 1. Formulieren Sie eine Frage nach dem wichtigsten Vorteil (A 2.).

B 2. Statt des Produktvorteils kann auch das entscheidende Motiv (A 3.) angesprochen werden.

B 3. Oder nennen Sie ein dringendes Problem des Lesers, das durch Ihr Angebot gelöst wird.

B 4. Oder versuchen Sie eine für das Angebot günstige Atmosphäre in eine (Kurz-) Geschichte zu fassen.

B 5. Wählen Sie aus den durch B 1. bis B 4. entstandenen Textideen diejenige, die den Leser am besten zu fesseln vermag.

B 6. Wenn mit einer Frage begonnen wurde, lösen Sie sie spätestens im 2. Absatz auf.

B 7. Falls ein Angebotsvorteil am Anfang steht, sprechen Sie auch bald das zugehörige Kaufmotiv an – und umgekehrt.

B 8. Wenn der wichtigste Vorteil von überragender Bedeutung ist, sollten Sie ihn im folgenden Text von verschiedenen Seiten beleuchten.

B 9. Erklären Sie die weiteren Vorteile des Angebotes ganz genau – aber in der Regel nicht mehr als fünf.

B 10. Versuchen Sie, einen Unterschied zu konkurrierenden Angeboten als Vorteil darzustellen.

B 11. Gehen Sie auf mögliche Fragen des Lesers ein, entkräften Sie Einwände A 10.).

B 12. Versuchen Sie, positive Imagepunkte zu stärken und negative abzuschwächen.

B 13. Jetzt ordnen Sie alles zu einer logischen, zusammenhängenden Kette.

C. Formulieren

Mit dieser Checkliste werden Sie den Rohtext eingängiger formulieren, die Fakten glaubwürdiger darstellen.

C 1. Formulieren Sie aus der nach B 5. gefundenen Einleitung eine möglichst prägnante, spannende oder geheimnisvolle Schlagzeile.

C 2. Versuchen Sie, die Vorteile des Angebotes zu beweisen.

C 3. Treffen Sie konkrete Aussagen, nennen Sie exakte Zahlen.

C 4. Vergleichen Sie Eigenschaften des Angebotes mit bekannten Tatsachen.

C 5. Bemühen Sie sich, die Dinge aus der Sicht des Lesers zu betrachten.

C 6. Stellen Sie die Dinge so dar, daß der Leser innerlich JA dazu sagt.

C 7. Versprechen Sie dem Leser, daß die Vorteile für ihn Wirklichkeit werden.

C 8. Sagen Sie dem Leser, was er versäumt, wenn er nicht reagiert.

C 9. Sagen Sie dem Leser klipp und klar, wie er (gemäß A 11.) reagieren soll.

C 10. Begründen Sie gemäß A 12., warum der Leser sofort reagieren soll.

C 11. Bieten Sie dem Leser Garantien dafür, daß er nichts riskiert.

C 12. Geben Sie ihm das Bonbon (A 13.) im PS oder wiederholen Sie dort noch einmal den wichtigsten Vorteil – vielleicht mit anderen Worten.

D. Optimieren

Ihr Text enthält alles Wichtige und ist gut formuliert. Aber er kommt als (meist unerbetene) Werbung ins Haus und muß sich gegen vielerlei Konkurrenz durchsetzen. Deshalb bringen Sie ihn in eine besonders leicht lesbare, gut verständliche Form. So werden Interesse und Aufnahmevermögen des Lesers nicht überfordert.

D 1. Bauen Sie einfache und übersichtliche Sätze, im Schnitt nicht mehr als 10 Wörter je Satz.

D 2. Verwenden Sie kurze Wörter, im Schnitt nicht mehr als 2 Silben pro Wort.

D 3. Gliedern Sie den Text in kurze Absätze mit maximal 6 Zeilen à 60 Buchstaben.

D 4. Beschreiben Sie bildhaft: mit treffenden Eigenschaftswörtern und Vergleichen.

D 5. Verwenden Sie aktive Verben – vermeiden Sie das Passiv, Partizipien und Hilfsverben.

D 6. Prüfen Sie, ob Hauptwörter – vor allem solche, die auf -ung enden – durch Zeitwörter ersetzt werden können.

D 7. Sagen Sie selten ICH, WIR, UNSER – aber so oft wie möglich SIE und IHR.

D 8. Streichen Sie alle Superlative, bombastischen Formulierungen und Selbstlob.

D 9. Streichen oder ersetzen Sie Fremd- oder Fachwörter, die nicht unbedingt notwendig sind.

D 10. Streichen Sie alle Silben, Wörter und Sätze, die nicht für das Verständnis, die Überzeugung oder die Atmosphäre des Briefes wichtig sind.

D 11. Ist der Stil höflich, freundlich, ungezwungen – nicht floskelhaft und geschwollen?

E. Kontrollieren

Zum Schluß prüfen Sie nochmals, ob die wichtigsten Kriterien für einen guten Werbebrief erfüllt sind.

E 1. Ist die Schlagzeile (der 1. Satz) so interessant, daß er zum Weiterlesen zwingt?

E 2. Findet der Leser schon im 1. Absatz einen wesentlichen Vorteil – oder werden seine Kaufmotive angesprochen?

E 3. Werden die „stummen Fragen" des Lesers beantwortet?

E 4. Haben Sie das Sprachniveau nicht zu hoch angesetzt?

E 5. Sind Wörter so kurz wie möglich – im Schnitt nicht mehr als 2 Silben?

E 6. Sind die Sätze kurz und leicht erfaßbar – maximal 15 Wörter und 30 Silben?

E 7. Haben die Absätze nicht mehr als 6 Zeilen à 60 Anschläge?

E 8. Klingt der Brief ehrlich und glaubwürdig?

E 9. Gibt es Beweise für Sachaussagen?

E 10. Geht die Argumentation von der Sicht des Lesers aus?

E 11. Machen Sie dem Leser auch gefühlsmäßig klar, wie begehrenswert der Besitz ist? Und was er verpaßt, wenn er nicht kauft?

F. Briefgestaltung

Die Gestaltung des Briefes hat wesentlichen Einfluß auf das Leseverhalten – also auch auf den Erfolg. Besser machen lohnt sich!

F1. Verwenden Sie für Werbebriefe keinen allzu dominierenden Briefkopf, sondern eine „abgemagerte" Version oder eine Fußleiste.

F2. Setzen Sie bei gedruckten Werbebriefen eine starke Schlagzeile anstelle der Adresse – und vielleicht ein Bild anstelle des Briefkopfs.

F3. Rechnen Sie pro Zeile nicht mehr als 60 Anschläge (besser 55).

F4. Verwenden Sie „normale Schreibmachinenschrift" mit Füßchen (Pica oder Elite).

F5. Schreiben Sie nicht mit Randausgleich, sondern im Flattersatz.

F6. Achten Sie auf sinngemäße Zeilenausgänge und Trennungen.

F7. Vermeiden Sie g e s p e r r t e S c h r i f t e n oder GROSSBUCHSTABEN für Hervorhebungen.

F8. Unterstreichen Sie Wörter, Satzteile oder kurze Sätze mit wichtigen Vorteilen für den Kunden.

F9. Ein Datum ist normalerweise nicht nötig. Wenn, dann verwenden Sie ein aktuelles Datum.

F10. Geben Sie Ihrem Brief eine Unterschrift. Und wiederholen Sie den Namen des Unterzeichners in „Klarschrift" – mit ausgeschriebenem Vornamen.

F11. Vergessen Sie nicht, im Briefkopf oder unter der Grußformel die Telefon-Durchwahl des Ansprechpartners anzugeben.

F12. Wenn Ihr Brief mehrere Seiten füllt: Wecken Sie Spannung am Ende der 1. Seite und beginnen Sie die nächste ebenso. Mehrseitige Briefe besser auf mehrere Blätter als auf Vorder- und Rückseite drucken.

F13. Verwenden Sie Farben und andere optische Akzente im Brief nur sparsam.

G. Was sonst noch zu bedenken ist

Ein Werbebrief kommt nie allein... Mindestens reist er im Umschlag an, und meistens wird er durch Beilagen ergänzt. Nicht zuletzt müssen Sie an die Wirtschaftlichkeit denken.

G 1. Planen Sie Format und Gewicht Ihrer Aussendung genau. Versuchen Sie, mit Normgrößen (DIN) und einer 20 g-Standardsendung auszukommen.

G 2. Beachten Sie die einschlägigen Postvorschriften!

G 3. Wählen Sie eine portogünstige Sendungsart. Bevorzugen Sie möglichst die preiswerte und individuell wirkende Massendrucksache.

G 4. Vermeiden Sie Sendungen mit aufgeklebten Adreßetiketten. Bevorzugen Sie Direktadressierung auf Brief oder Antwortkarte.

G 5. Schiefe und verwischte Stempel sind keine gute Visitenkarte für Ihre Firma. Sendungsarten wie Drucksache oder Versendungsformen wie Eilboten sollten besser aufgedruckt als gestempelt werden.

G 6. Deuten Sie den Vorteil des Angebotes schon auf dem Umschlag an, ohne allzu viel zu verraten.

G 7. Frankieren Sie Sendungen an gewerbliche Empfänger möglichst mit Freistempler, Sendungen an Private möglichst mit Marken.

G 8. Fügen Sie ein Antwortmittel bei, um die Reaktion zu erleichtern.

G 9. Auch Begleitbriefe zu Sachinformationen (Prospekte, Kataloge) sollen dem Kunden einen Nutzen bieten – durch zusätzliche Informationen oder durch gefühlsmäßige Einstimmung.

H. Briefe adaptieren

Hier finden Sie Tips, wie Sie gelungene Briefe oder Briefideen für Ihre Zwecke abwandeln können.

H 1. Analysieren Sie den „Aufhänger" (Schlagzeile oder Texteinleitung): Was wird damit ausgesagt?

H 2. Trifft diese Aussage auch das Problem, den Wunsch oder das Interesse Ihrer Kunden (Interessenten)?

H 3. Trifft die daran „aufgehängte" Argumentation auch für Ihr Angebot zu?

H 4. Oder wie können Sie den Hauptvorteil Ihres Angebotes mit dem „Aufhänger" des Musterbriefes kombinieren?

H 5. Streichen Sie alles durch, was auf Sie und Ihr Angebot nicht zutrifft, und schreiben Sie den Brief ohne die gestrichenen Stellen ab.

H 6. Markieren Sie mit einem grünen Stift die Wendungen, die Ihnen besonders gut gefallen und die Sie gern so ähnlich übernehmen würden.

H 7. Gehen Sie die grün angestrichenen Passagen durch: Passen die auf Ihr Angebot, Ihre Situation? Wie können Sie sie passend machen?

H 8. Mit welchen weiteren Vorteilen für den Leser könnten Sie den Text anreichern?

H 9. Was gefiel Ihnen außerdem am Originalbrief:
Der Aufbau des Briefes?
Bestimmte Redewendungen?
Die Optik?
Welche Anregungen können Sie daraus für die Gestaltung Ihres Briefes entnehmen?

H 10. Verbessern Sie den nun vorliegenden Entwurf nach den Checklisten D und E.

H 11. Gefällt Ihnen Ihr neuer Entwurf? Hat er noch das „gewisse Etwas", das Sie am Original begeisterte?